今日から
モノ知り
シリーズ

トコトンやさしい

センサの本

第3版

山﨑弘郎

センシング技術では、これまでの機械や環境に加えて人が検出対象になり、その情報を高度なネットワーク上で活用をする場面が増えている。人と機械との情報交流がリアルな世界からバーチャルな世界にまで広がる中、センサが果たす役割の変化を中心に、さまざまな関連技術を紹介する。

味:OK 香り:OK
色:OK 熱:OK

B&Tブックス
日刊工業新聞社

はじめに

果てしない広がりを持つセンサの世界に関心をお持ちの読者に、いかにしてやさしく豊かな内容を伝えるか、これが本書の課題でした。

すべてを網羅せず身近な例を取り上げて、センサ技術の全体像をわかりやすく解説するように努めました。幸い、この方針は広く受け入れられたようで、２００２年の初版、２０１４年の第２版から、今回の第３版まで版を重ねることができました。著者の意図をご理解頂き、受け入れて頂いた読者に深く感謝いたします。

センサの世界は情報収集の最先端として、ＩｏＴ社会への移行やディジタルトランスフォーメーションへと進む情報技術の世界において、私たちが生活するリアル世界とデータ情報からなる仮想の世界とをつなぐデバイスとして急発展を遂げつつあります。

本書では、第１章と第２章において、センサが社会で働いている実例を挙げ、それらの役割を示しました。

第３章と第４章においては、センサの動作を支配する共通の原理や、化学成分センサに共通する構造を解説しました。

第５章においては、センサ信号の情報処理、特にディジタル信号への変換処理を解説しました。この変換でデータの安定な記憶と保存が実現します。

第６章では、センサの中で質量ともに重要な半導体センサについて半導体物性の基礎に立ち戻って解説しました。
第7章では、生産の世界における センサ、特に自動化された生産システムにおけるセンサの役割を示しました。
第8章では、私たちの健康が多くのセンサにより見守られている状況を示しました。
第9章では、社会の安全やセキュリティを維持しているセンサの働きを紹介しました。ほとんどの人が気づかない所で働いています。
第10章では、センサ技術の将来動向について、新しい進歩の方向を示して、将来の姿が想像できるように努めました。

本書では、特にセンサが人間と機械との中間において、人間の希望を察知し、機械がそれに合わせようと努める自動化システムの新しい傾向を重視しました。身近なセンサの働きの理解から、ディジタル社会におけるセンサ技術について興味と理解を深めて頂ければ幸いです。
最後になりますが、改訂にあたりいろいろとお世話になりました日刊工業新聞社の鈴木徹氏をはじめ、関係者の方々のご努力に厚く御礼を申し上げます。

2023年8月

山﨑弘郎

トコトンやさしい

センサの本

第3版

目次

第1章 身近なセンサ ——新しい価値を創るセンサ

第2章 社会システムに埋め込まれたセンサ ——小さなセンサの大きな働き

第3章 センサを働かせる共通の原理と構造

第4章 化学成分センサとバイオセンサ

第5章 センサ信号の情報処理

第6章 半導体を利用したセンサ

第7章 自動化生産システムのセンサの役割

第8章 健康を見守るセンサ技術

第9章 安全、セキュリティを確保するセンサ技術

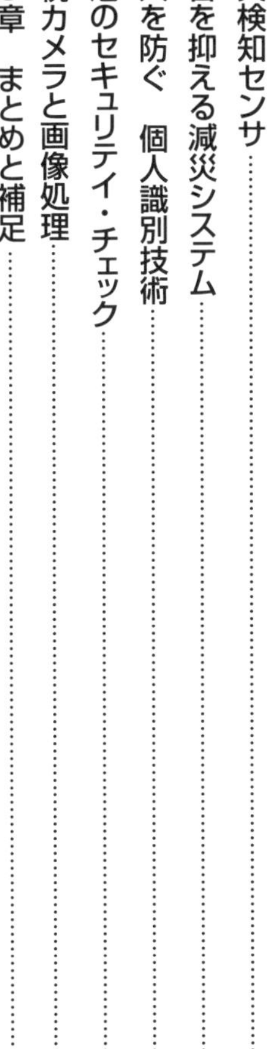

第10章 これからのセンサ技術

第1章

身近なセンサ
——新しい価値を創るセンサ

私たちの生活は非常に多くのセンサによって
支えられています。

1 身近なセンサ 私たちの五感、機械の感覚

触覚だけが全身分布して安全を確保

非常に多くのセンサが身近なところで働いています。もっとも身近なセンサは私たちの五感です。視覚、聴覚、嗅覚、味覚、そして指をはじめとする触覚です。最初の4種の感覚器官は役割がそれぞれ専門化され、センサの働く場所も限られています。また、その機能は、器官のある場所、顔の目や耳、鼻や舌に集中しています。しかし、触覚は全身に分布しており、感度の差はあっても接触を感じない場所はありません。

五感の役割は、私たちの外部環境に関する情報を取り込んで脳の中枢に伝達し、必要かつ適切な活動を導きます。もし五感の一つが失われたら、不便さあるいは危険がどのように大きいかを想像すれば、それらの重要性を、容易に理解できるでしょう。

センサは機械や装置の五感に相当する役割を果たします。特に高度な機能を実現する自動化された機械や装置あるいはロボットは、頭脳に相当するコンピュータを持ち、情報を処理する中枢を構成しています。機械の外部世界とコンピュータとをつなぐ役割を果たすのがセンサです。

さらに、人間と機械の間の情報のやり取りもセンサが行っています。私たちの周囲にある機械は、自動化機械とはいっても人間の意図に基づいて動き、人間の希望や行動をセンサで察知して動作します。その自動化機械や装置に、センサが使い勝手の良さという新しい価値を創り出しました。センサの働きにより、人間と機械との新しい関係が生みだされたといえるでしょう。

今までの、人間が機械の原理や構造を学んで操作するという、人間が機械の都合に合わせてきた状況が、20世紀末からは、機械が人間の意図を理解し、人間に合わせてくれるような新しい関係が実現しています。状況が一変したのです。

これがセンサがもたらしたイノベーションです。

要点BOX

- ●センサは機械や装置の五感
- ●センサは情報の中枢と外部をつなぐ
- ●人間の感覚器官の働きを専門化

センサとは何か

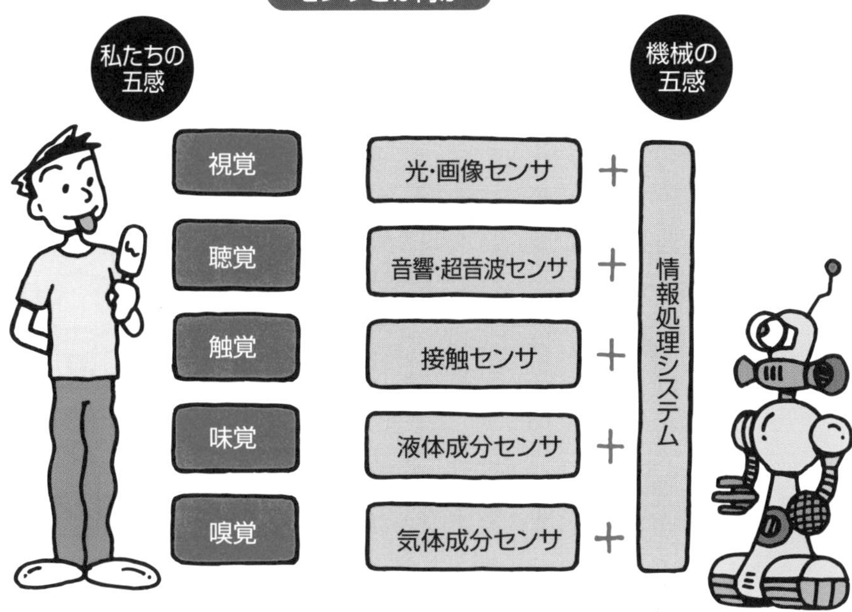

センサは機械の外部の世界であるリアル空間と
内部であるサイバー環境とをつなぐインタフェース

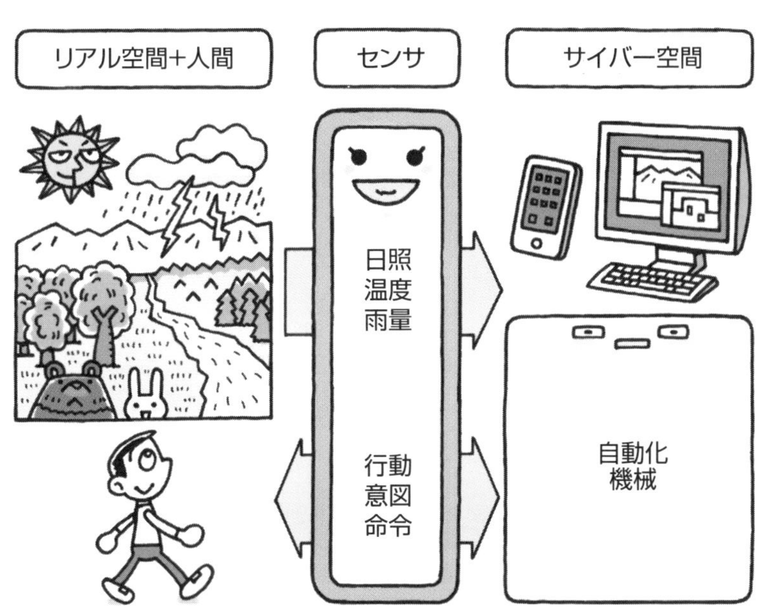

2 家庭内のセンサ 温度、湿度センサ

省電力自動運転に不可欠

身近な家庭の中で多くのセンサが働き、家庭の環境を快適に保ち、家電品の性能を発揮させています。省電力を実現する自動化システムもセンサが動作させています。最も多く使われるのは温度センサで、その動きにより、エアコンでは設定した温度に保つように運転されます。人間が快適と感じるには温度だけではなく、湿度センサも使われ、両者を組み合わせた自動運転を行うエアコンもあります。加湿器や除湿器には当然湿度センサが使われます。温度センサや湿度センサには暖冷房の行き過ぎを防止して省エネルギーを実現する役目もあります。

長時間部屋に人がいないときには暖冷房を止め、無駄な電力消費を防ぐエアコンが増えました。それには人の存在を検出するセンサが必要で、人体が発する熱や赤外線を手掛かりに人の存在を検出します。人の位置がわかると、そこに風を集中させたり、風を嫌う人には風を避ける動作も可能で、快適な環境と省エネルギーとを両立させることができます。

ほとんどの温度センサはサーミスタと呼ばれる半導体センサです。半導体といってもシリコンではなく、ニッケル、コバルト、マンガンなどの酸化物を含む半導体セラミックスで、電気抵抗が温度増加とともに減少する性質を利用しています。

従来の体温計には、水銀の熱膨張を利用した水銀温度計が使われました。電子体温計と呼ばれる体温計はセンサにサーミスタを使います。電子体温計の特徴は、センサの熱容量が小さいため、数分かかった計測時間が1分以内ですむことです。さらに、3秒ぐらいで体温がわかる体温計も出現しました。わきの下に挟む代わりに、体温計を耳に入れて鼓膜の温度を赤外線センサで計測するしくみです。

湿度センサはセラミックスの表面の抵抗が湿度の増加により減少する性質を利用したもので、吸湿による容量の変化を利用した湿度センサもあります。

要点BOX

- ●省エネルギーに効果
- ●温度センサには半導体を使う
- ●体温計に赤外線センサも使う

図1　家庭内の温度センサ

温度センサ
湿度センサ

家庭の電力消費の構成比

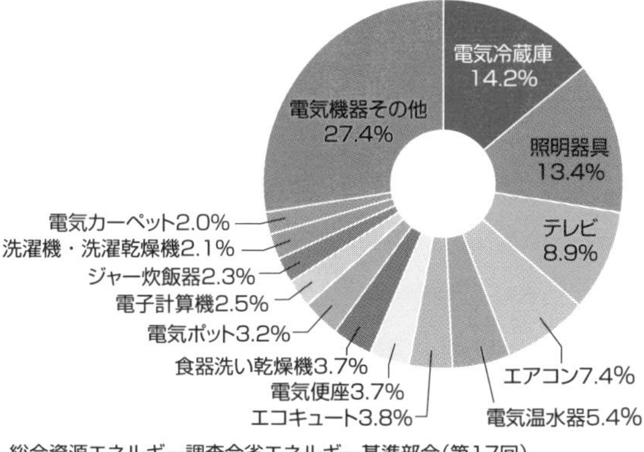

総合資源エネルギー調査会省エネルギー基準部会（第17回）
資料「参考資料1　トップランナー基準の現状等について」より作成

資源エネルギー庁ホームページより

温度センサ

サーミスタ温度センサ

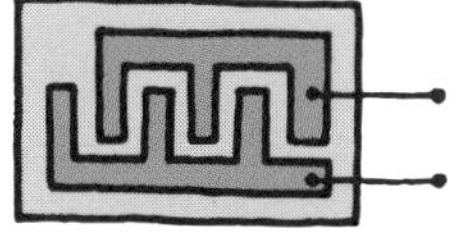

抵抗形湿度センサ

3 人の意図を探るセンサ
接近センサ：人の接近を体温で検知

人体からの赤外線で接近を検知

身近なセンサとして、別の例を紹介しましょう。ビルの入り口にあるオートドアは、荷物などで両手がふさがっているときに大変便利です。オートドアは人間の接近を通常は体温で検知しています。人体から出る赤外線を検出するセンサがドアの上に設置されて、人間の接近を検知しています。太陽光がさして温度が上がったときにはドアは動作せず、人間の接近だけに反応する仕組みです。赤外線センサの処理回路は赤外線の強さの時間的な変化に反応しますが、日照のような緩やかな温度の変化には反応しません。

手を洗おうと蛇口の下に手を差し出すと、水が出る自動水栓があります。この原理も同じで、手からでる赤外線をセンサが検出しています。オートドアや水栓の中には、接近する人体が光を遮断することを利用して接近を検出するものもあります。

赤外線は目に見えないので、赤外線センサは接近して欲しくない人間の検出、すなわち、セキュリティシステムにも使われます。

注意したいことは、センサの信号をそのまま使うのではなく、人体接近の特徴を利用して、真の接近と、接近ではないノイズを識別するしくみです。これらの装置への人の接近は、1／10秒から1秒ぐらいの時間で発生します。それより遅いか、または早い変化はノイズであることが多いので、装置は動作しません。

検出対象の特徴を活用して、装置の誤動作を防ぐのはセンサ信号を増幅処理する電子回路です。対象の特徴を利用してセンサ信号を加工し、センサを利用した装置や機械を正しく動作させるため、人の意図を探る技術が必要です。このような技術をセンサ応用技術といいます。センサデバイスの技術とセンサ応用技術とを合わせて、センシング技術と呼ばれます。

要点BOX

- 人間の動きの特徴を利用する
- 真の接近とノイズを識別
- 機械を正しく動作させるため、センサ信号を加工

図1　オートドア

図2　自動水栓

4 リアル世界とサイバー世界を情報でつなぐ人と機械の情報交流を仲介するセンサ

機器が外部や人から情報を取る時にセンサが必要

私たちが外界から情報を得るときに視覚などの五感を介するように、機械が外部から指令や情報を受けるのはセンサを介してです。スイッチやキーボードは機械が人から情報を受け取るセンサです。

キーボードの代わりに機能が絵で示されたタッチパネル使うと、人から機械に直感的に意思を伝えることが可能です。タッチパネルを利用した携帯電話やPCなどの機器では、表示される絵や文字などの大きさを指の間隔で調節したり、パネルを傾けることにより縦長から横長の画面に変更することが可能です。このような直感的伝達や画面の変更方法などが機械の使い心地の良さとして、新しい価値を生み出しました。直感的伝達により、人の動作に機械が直ちに反応して対話的な情報交流が実現しました。

機械のリモコン機器が力センサや加速度センサを持つようになり、機械が表示する画面を人が見ながらリモコンを操作する対話的な伝達が人を動かすように進化しました。典型的な例はゲームです。人は相手や自身が映っている画面を見ながらリモコンを操作して夢中でゲームに没入します。

情報の世界はリアル世界とサイバー世界に大別されます。リアル世界は我々が生活する世界です。サイバー世界はコンピュータやインターネットで構築されたデータの世界で、物理的制約を受けません。リアル世界ではセンサにより収集された情報がサイバー世界で処理され、データ化されます。センサは両世界を情報でつなぐキーデバイスといえます。

種々のセンサが人と機械の間に介在し、相互の情報の交流が直接行われるようになった結果、対話が成立し、1項で述べたように進んだ自動化機械は人に合わせてくれるようになり、その結果として人にとって機械がより身近な存在となりました。それはリアル世界とサイバー世界との間が、センサにより情報で連結された結果でもあります。

要点BOX

- キーボードは人間の意志を触覚を通してコンピュータが読みとる装置
- センサが人と機械の対話を成立させる

情報の世界はリアル世界とサイバー世界とに大別される

●人から機械への情報伝達の変化

●一方向の伝達から双方向へ

●指示から対話へ

●論理的伝達から直感的伝達

●キーボードからタッチパネルや仮想キーボードへ

●使い心地の良さが新しい価値を

●思考内容と表象の因果関係

5 カメラ、ビデオの自動化を進めるセンサ

カメラの自動化を支えたセンサ

カメラやスマートフォンは、私たちの目が捉えた情景を記録し、保存します。現在のカメラは自動化が進み、誰でも簡単に美しい写真が写せるようになりました。

カメラで最初に自動化されたのは絞りと露出でした。被写体の明るさ、順光か逆光かによって絞りと露出時間とを決めてシャッターを押す必要がありましたが、人間の目の波長感度に近い硫化カドミウム（CdS）を使用した光センサが開発され、その出力を利用して露出や絞りの設定自動化が実現しました。

カメラの第二の自動化は焦点合わせ（オートフォーカス）でした。オートフォーカスには大別して位相差方式とコントラスト方式とがあります。位相差方式はレンズを通過する光を二経路に分割し、それぞれ決まったセンサで受けてそれが望ましい位置関係になるように焦点を調節する方式で、調節の途中でゴールからの隔たりを判定しながら焦点を調節します。

コントラスト方式では、撮影レンズによる対象の像を画像センサ上に作成し、対象のコントラストを特徴量として、それが最大になるように撮影レンズや画像センサの位置を制御します。ぼけた像がはっきりするようにコントラスト最大の点を求める方式です。調節の方向が不明で試行しつつ調節するので、調節に時間がかかります。

第三の自動化は手ぶれによる画質劣化の防止です。カメラ内部のセンサで手ぶれの角速度を検出し、それによる画像のブレを予知して、そのブレが小さくなる方向に画像センサを動かすか、レンズ系の補助レンズを動かして画質劣化を防ぎます。

流し撮りといって、走っている列車や動物などを追いかけてカメラを動かす場合には、手ぶれ補正が働きません。カメラは無意識な動きである手ぶれと目的を意識した流し撮りとを、センサ出力から機械の知能で識別して区別します。

要点BOX

- ●光センサで自動露出
- ●三角測量の原理で焦点制御
- ●デジタルカメラではイメージセンサで焦点制御

図1　手ぶれ補正の原理

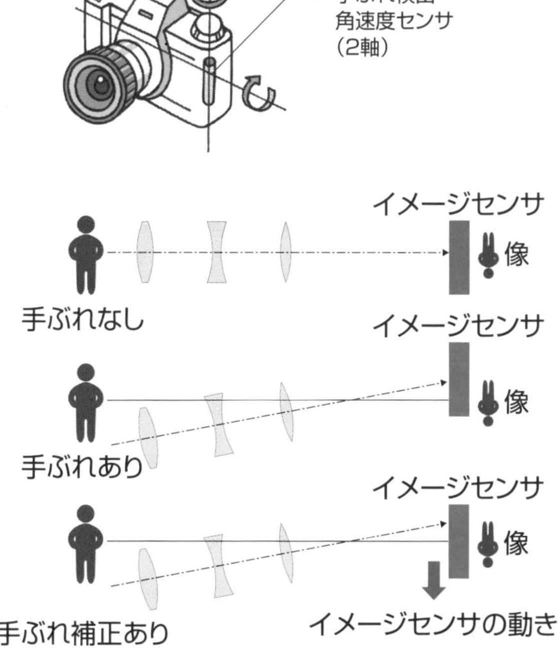

図2　パッシブ・コントラスト オートフォーカス方式の原理

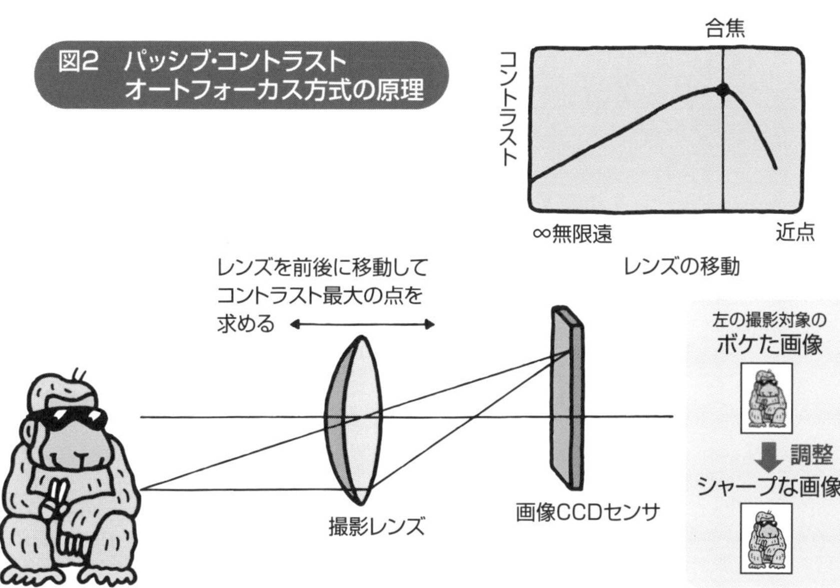

第1章 まとめと補足

この章では、身近なところで、どのようなセンサが、いかに使われているかを紹介しました。

ここに登場するのは、いずれも自動化された機械や装置です。身近でありながら、普段気がつかないところで、センサが自動化機械や装置の中で感覚器の役割を果たしていることを理解されたと思います。

ここでは、使われているセンサの原理や構造については通り一遍の説明にとどめました。個々のセンサについては、後の章において代表的なものを取り上げ、やや詳しく説明するつもりです。ここでは、センシング技術の特徴を大局的に把握して頂くことを優先しました。要約しますと次のとおりです。

❶自動化されたシステムの中で、センサは人間の感覚器官と同様に、システム外部の物理的環境と内部の情報環境とのインタフェースの役を果たします。

❷センサは、対象の持つ特徴を利用して、それを手がかりに対象を検出します。センシング技術は、もっとも有効な特徴を選び、特徴量を定め、それを検出する適切なセンサを選定して設置し、特徴を抽出して対象に関する情報を獲得する技術です。

❸自動化されたシステムには、システムが動作すべき時期をセンサが知らせる方式と、対象の状態が望ましいかどうかを知らせる方式とがあります。

❹システムが動作すべき時期をセンサが知らせるのは、目的とする対象の接近や予想される災害の発生を検知し、災害を回避するためです。（2章で紹介します。）

対象の状態が、指定された望ましい状態であるかどうかを検出するセンサには、望ましい状態のモデルがあって、それとの対比で調節動作が実行されます。実際には温度センサや湿度センサがありますが、カメラ画像の露出や焦点ずれあるいは手ぶれを検出するセンサも同じ調節の役割を果たします。

図1　自動化システムにおける インタフェースとしてのセンサの役割

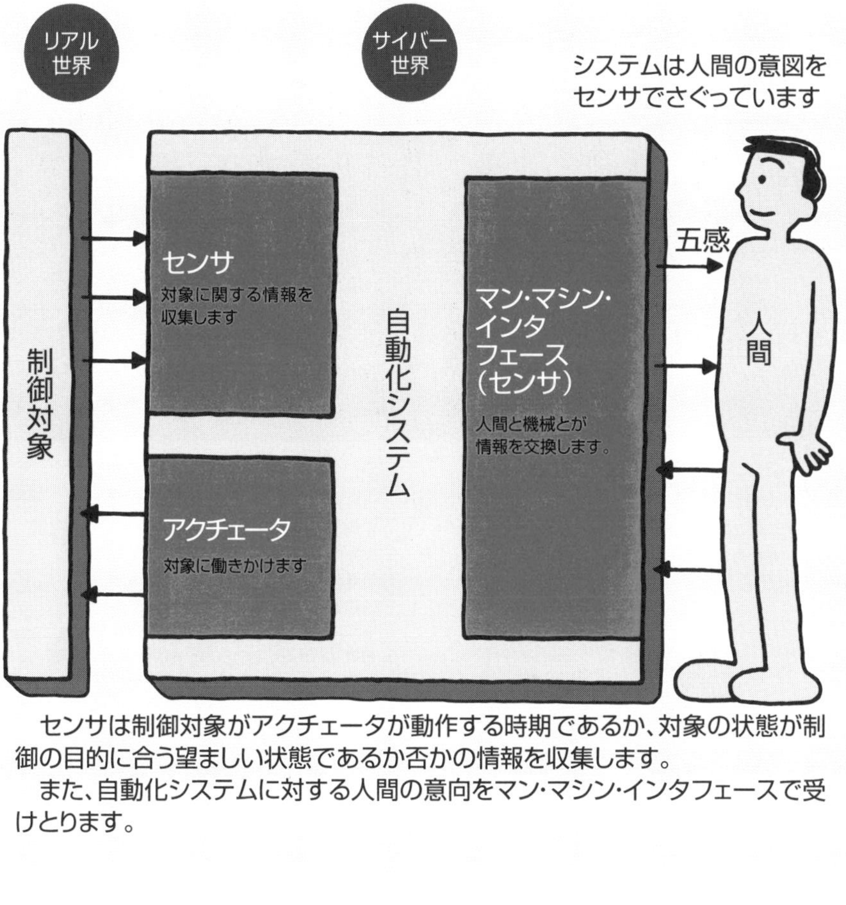

リアル世界

サイバー世界

システムは人間の意図をセンサでさぐっています

制御対象

センサ
対象に関する情報を収集します

アクチェータ
対象に働きかけます

自動化システム

マン・マシン・インタフェース（センサ）
人間と機械とが情報を交換します。

五感

人間

センサは制御対象がアクチェータが動作する時期であるか、対象の状態が制御の目的に合う望ましい状態であるか否かの情報を収集します。

また、自動化システムに対する人間の意向をマン・マシン・インタフェースで受けとります。

図2　適切なセンサを選ぶプロセス

対象の有効な特徴を選び、その特徴量を選定
特徴量を検出する最適なセンサの選定
センサ設置の最適位置を選定し、データの取得方法を選定

Column

センサはどのくらい生産されているか、センサの市場サイズと未来予想

センサ市場の大きさを電子情報技術産業協会のデータで示します。２０２１年度の日系企業が出荷したセンサの金額は１兆９２９２億円、約３５３億個でした。

いかなるセンサが多く出ているかを調査した結果では、金額では、光・画像センサが圧倒的で70％を占め、圧力センサが２位で７％でした。スマートフォンなどの増加がこの傾向の原因と思われます。

今後の推移では、２０２５年には世界需要額９兆３１８億円、そのうち日系企業の出荷額は３兆７９２９億円へと増加が予想されています。年平均10％の大きな伸びですから、まだまだ大きな発展が予想される市場で、あらゆる機器でセンサによるイノベーションが起きつつあることを示唆しています。

2021年種類別構成比（数量）

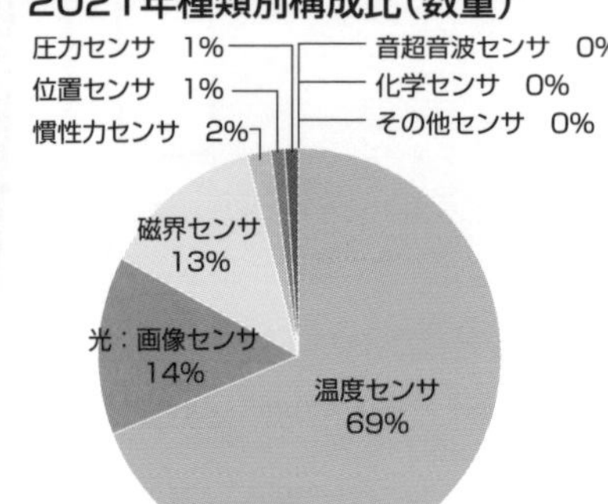

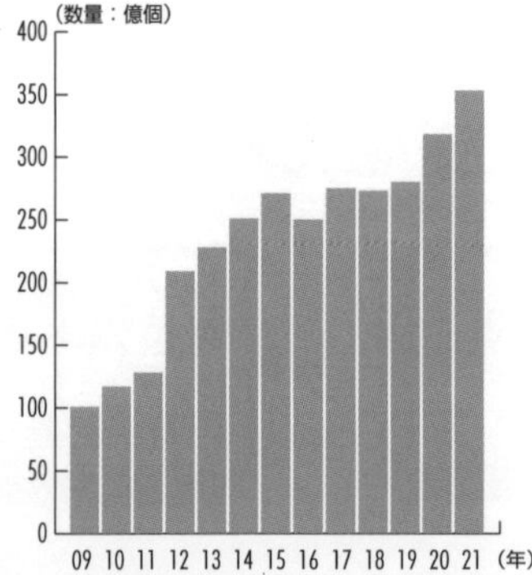

2021年種類別構成比（金額）

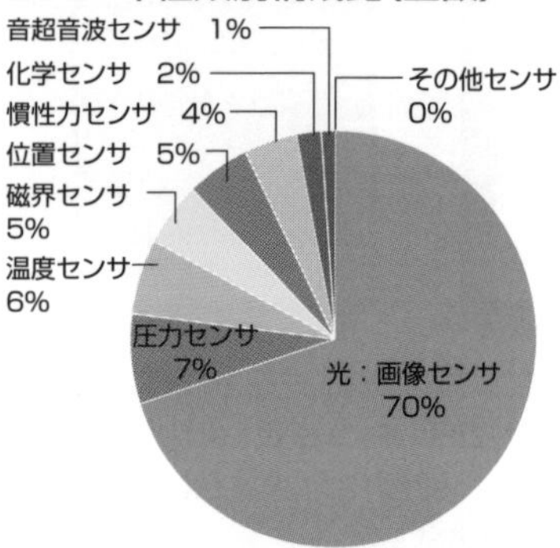

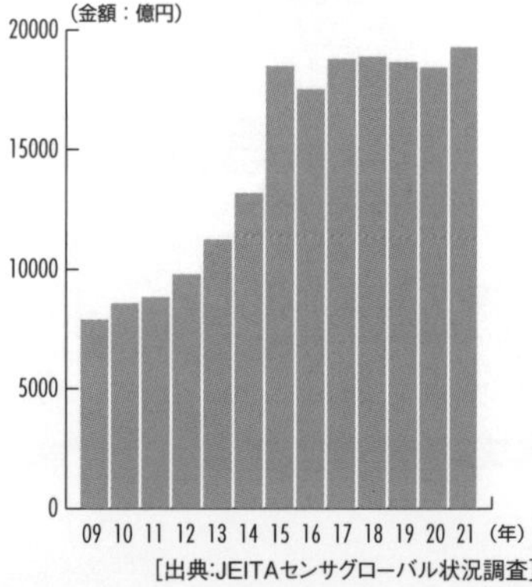

［出典:JEITAセンサグローバル状況調査］

社会システムに埋め込まれたセンサ
——小さなセンサの大きな働き

社会システムにおけるセンサの働きに注目します。
目立たない場所に設置された小さなセンサが
非常に重要な働きをしています。

6 交通システムのセンサ：読んで書くセンサ

磁気センサやICカードで切符や定期券のデータを読み取る

社会システムの中でも、交通システムは多くの人が日常的に接するシステムです。私たちとの接点は、センサが活躍する鉄道駅の出札・改札・集札装置です。出札装置は行き先を指定するか、料金をタッチパネルで入力します。タッチパネルは販売機が客の意思を知るセンサです。料金が支払われると紙幣や硬貨をセンサで識別し数えて、料金を超えれば釣銭を出します。硬貨の識別は大きさと重量のセンサです。

改札装置では、乗車券の裏面の一部が磁気テープのようになっていて、駅名や日時などが記号で書き込まれます。集札機に券を挿入すると内部の磁気センサがその内容を読み取り、適正かどうかを判断し、適正でなければゲートを閉じます。さらに、特急券と乗車券とが別で、2枚重ねて挿入してもセンサが判別して処理ができるようになりました。改札の無人化は進みましたが、問題が残りました。

自動化以前の有人改札では定期券を見せるだけでしたが、自動改札機では定期入れから出して機械に挿入しなければなりません。自動化機械の導入が客に新たな負担をかけたのです。これに対して、JRや私鉄で実用化された電子回路を内蔵したICカードで利用者の不便を解消しました。このカードでは、ホルダーに入れたまま機械にかざすだけですむようになりました。カードと装置の間では、電波で短時間にデータの読み取り、書き込み、料金の徴収などが実行されます。鉄道では、利用者の目に触れない所で安全を守る働きをしている保全のセンサも働いています。代表例は新幹線のドクターイエローと呼ばれる電気軌道総合試験車です。普通のダイヤに従って走りながら、線路、架線、信号、通信などの状況を調べ、保守を担当するチームにデータを提供する、いわば走るセンサです。高速道路のETC装置もICカードと同様な働きをします。ただし、センサを持つ受信装置とカードとの距離は数m以上に離れます。

要点BOX

●磁気センサで自動改札を実現し、ICカード（非接触）で乗客の不便を解消

図1　ICカードによる改札

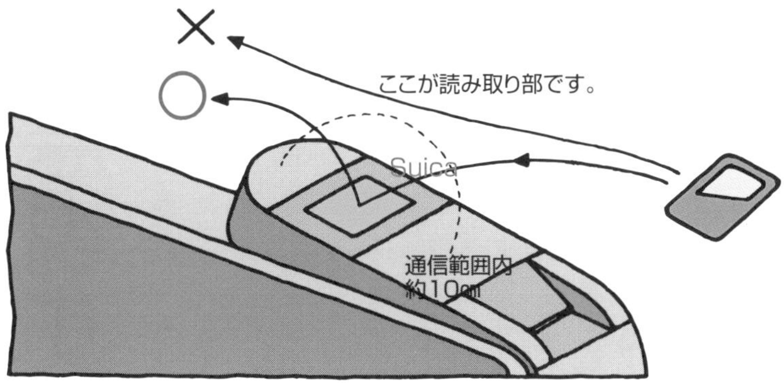

読み取り部の側面図およびタッチの方法

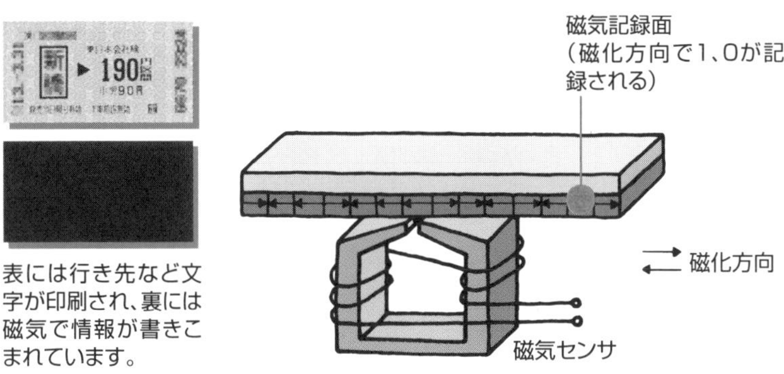

表には行き先など文字が印刷され、裏には磁気で情報が書きこまれています。

図2　高速道路入口におけるETC

ノンストップで通りぬけられます

ETCゲートは無人でクルマのデータが読み取られるので停車せず支払いもしないで通過できます。

7 交通流を監視するセンサ

超音波を路面に向けて放射 車体からの反射を検出

大都会の交通渋滞の解消にも、センサが活躍しています。高速道路や交差点などで渋滞状況が表示されることで、渋滞を回避することができます。では、どのようにして渋滞状況が把握されるのでしょうか。

道路の上方に図1のようなセンサが取り付けられているのに気づかれたでしょう。特に混雑する交差点の近くには多く見かけます。これは、交通量を検出する超音波センサです。これは、超音波を路面に向けて放射し、その直下に車がなければ路面からの反射が返ってきますが、車がいると車からの反射波が検出します。渋滞がなければ車間距離があるので、通過車からの反射があってもすぐに消え、路面からの反射が再び検出されます。車からの反射の断続回数を数えれば、通過台数がわかり、長時間車からの反射波が変わらずに続けば、そこが渋滞していることがわかります。

超音波センサは道路のレーン毎に設置され、レーン毎に交通量を調べています。東京のような大都会では、非常に多くのセンサが設置されていて、それらの情報を総合して、渋滞場所、渋滞の長さ、所要時間などの情報が作成され、表示されます。

路面の下にセンサを配置する方式もありましたが、現在の上方からの超音波センサが信頼性や路面の状態の影響を受けにくいので主流になっています。

交通流を把握するセンサでも固定した位置にセンサを設置せずに、車自体をセンサとして活用する方式が研究されました。車のカーナビによる位置情報と速度計のデータとを無線ネットワークを介して収集すると、車の流れや渋滞を離れたところで知ることができます。また、ウィンドウワイパーの動作状況をネットワークで集めると、そこで雨が降っていることがわかります。個々の車ではなく多数の車からの情報を集めて、高速道路上などでドライバーに道路状況を表示することで新しい価値を生んでいます。

要点BOX
- ●道路のレーンごとに設置、交通量を調べる
- ●多くのセンサの情報を照合、渋滞の長さ、時間、場所を特定
- ●パーキングメータにも超音波センサ

図1　交通流センサ

超音波センサ

渋滞

超音波センサの出力

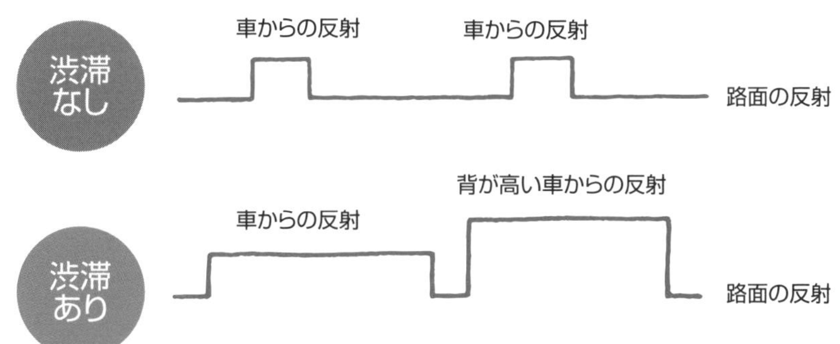

8 人流のセンシング

人間の省力化
センシングに従事する

センシングに人間が必要な場合はまだ多く、その省力化が必要とされています。一例は新型コロナ禍対策の人流計測です。人流を抑えて感染拡大を防ぎ、伝染を防ぐための政策の効果を確認するのは人流の計測です。従来の計測は定点観測でした。例えば、JR渋谷駅前のスクランブル交差点の観測です。人数を正確に数えても、全体の流れはつかめません。地域全体の人流の計測結果が得られれば、政策立案や実施にも活用できます。人流計測の情報に必要なのは、広域性と同時性です。同時に広い範囲の情報収集が必要です。対象に直接接触せず、むしろ距離を置いた俯瞰的なイメージで対象の流れの全体像を把握します。具体的な人流計測の実施には携帯電話を活用します。基地局の位置情報から利用者の現在地を推定する方式です。

スマホの電源を入れると、通話に関係なく最寄りの基地局との自動的交信から所持者の所在情報が入手できます。対象が移動すれば、別の基地局に自動的に引き継がれるので、流れの部分として移動が捕捉されます。個人の特定は不要なので、個人情報は消去します。獲得された多数の所在情報の時系列処理から人の動きの俯瞰的なイメージと、挙動が想定され、人同士のおよその社会的距離も推定できます。

接触後の感染を予想するモデルもあり、それから未来の感染状況を予測することが可能です。

この手法では位置の精度が基地局の数と設置状況に左右されます。3密による感染が懸念される地点では基地局も多いので、精度が向上します。スマホは通信規格がより高速大容量の5Gに移行中ですが、5Gは一つの基地局がカバーできる範囲が4Gより狭く、基地局の数が増えます。その変化により現場で人が数えず、自動的に計る人流計測システムにとって、精度が向上できる可能性があります。

要点BOX
- ●スマホを活用して基地局の位置情報から利用者の現在地を推定
- ●感染状況の予測などに使われる

スマホを活用して現在地を推定

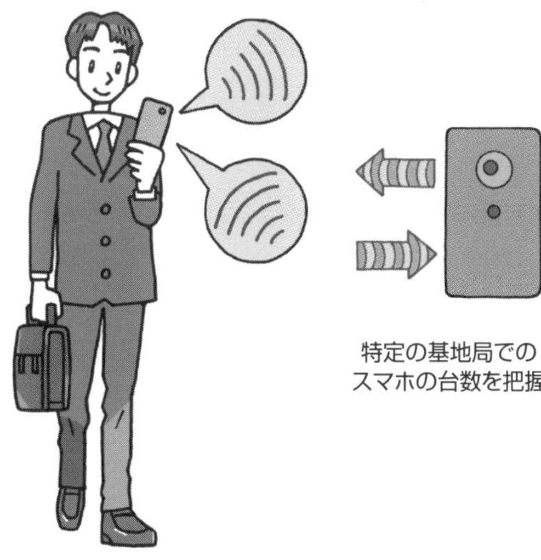

人流を予測してセンシング

各所に設置したIoTセンサで人流をセンシング

9 ドローンに搭載されたセンサ

ロボットと同等のセンシング能力が必要

ドローンは急激に発展し、広く使われるようになりました。最も多く使われているのは画像を撮るセンサを載せた空中撮影です。この進歩のおかげで強力な空間移動の手段と新しい視座を獲得できました。

従来の空中移動手段に比べると操縦が容易で、空中における停止も可能です。いま、景色が優れた高い山の頂上から景観撮影をするとしましょう。重いカメラやビデオを持って登山するか、ヘリコプターとパイロットをチャーターする必要がありました。それでも、山頂で好天に恵まれるか、不安やリスクがありました。それらの危険やコストを回避して、確実に空中撮影が実行できる長所が大きいと思います。

人が近づけない設備の点検とか測量、農薬の散布なども実施されています。動画像の撮影と送信も可能です。

ドローンの産業応用では、位置の精度が要求されるためにいろいろなセンサが使われています。まず、ドローン自体の位置を知るための測位センサ、これにはGPS受信システムが欠かせません。同時に方位も必要ですから、磁気による方位センサ、姿勢を知るジャイロセンサ、高度を知る気圧センサ、などが必要です。さらに周囲の物体の存在を知る超音波センサ、画像認識センサ、電池の電流電圧センサなどが装備されます。まさに高度な作業をこなすロボットと同様のセンシング機能を備えているのです。当然、対象を撮影し、その画像を地上に送る画像送信機能も重要です。

一方、故障による墜落や制御不能になると危険なので、規制も進んでいます。重量が100グラムを越えると車と同様な登録や飛行許可などが必要ですし、空港と周辺地域や人口密集地域など、飛行が制限されている地域があります。また、150メートル以上の高度や夜間は飛行が禁止されています。

要点BOX

- 無人ドローンでは位置の精度が重要
- 測位、方位、高度に加えて超音波センサなど、ロボットなみのセンシング機能を装備

ドローンはセンサの集合体

方位センサ
(磁気センサ)
機器の方向

測位センサ
(GPSセンサ)

ジャイロセンサ
(角速度センサ)
姿勢センサ

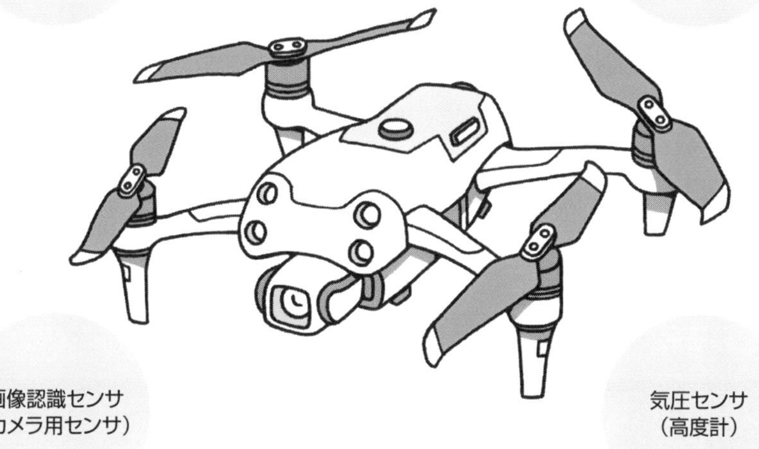

画像認識センサ
(カメラ用センサ)

気圧センサ
(高度計)

超音波センサ
(障害物検知センサ)

電流電圧センサ
(電池用センサ)

10 文字、数字を読みとるバーコードセンサ

バーコードからの反射の有無をセンサが読み取る

スーパーマーケットやショッピングセンターなどで買い物をするとき、支払いカウンタで店員が操作して品物の種類や価格を読み取る装置に気づかれるでしょう。装置が品種や価格が書かれたタグを読み取り、自動的に購入金額を計算します。タグの文字や数字は人間のためであり、装置が読み取るのはバーコードと呼ばれる符号です。バーコードは左図のように長さ10㎜の直線を並べたもので、太さや間隔が異なっています。

センサはバーコードリーダと呼ばれる装置内で、コードをなぞることで読み取ります。リーダーは光をあて、コードからの反射の有無を1と0とに置き換えて光センサで読み取ります。

人間は複雑な漢字でも難なく認識しますが、機械には容易ではありません。バーコードは機械が読み取りやすいように、文字や数字を符号に変更したものです。

新しいバーコードリーダは、タグをなぞる必要がなく、細いレーザ光のビームを振って反射光を読み取ります。したがって対象の商品のタグや正札をリーダーに向けて近づけるだけで読み取ってしまいます。

バーコードは機械には読み取りやすいですが、人間には困難なので、数字や文字がバーコードに併記されます。人間と機械では、文字読み取りのしくみが全く違い、人間は文字をパターンとして認識しますが、機械はパターン認識は不得意です。しかし、文字認識技術の進歩により、活字ならばパターンでも機械で認識できるようになりました。

対象を数字に限れば、手書きの数字でも認識できます。郵便番号の自動読取装置では、数字が指定された場所に書かれていれば、7桁の手書き数字を読み取り、自動的に郵便を宛先ごとに仕分けます。そのおかげで、年末年始に集中する大量の年賀状の仕分け処理が自動的になされています。

要点BOX

●新しいバーコードリーダは近づけるだけで読み取れる
●郵便番号は手書きでも読み取れる

機械が読み取る文字

(1)バーコード

(2)所定位置の手書き郵便番号

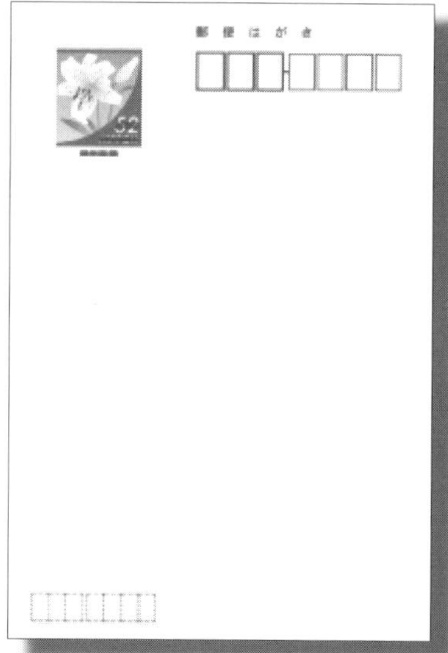

11 自然災害を予知する気象情報システム

気象衛星とローカルデータの併用

台風や豪雨を防ぐことは不可能ですが、それが社会におよぼす被害を回避することは可能です。現象の発生を早期に予知し、その情報を広く周知すれば、有効な対策により被害を軽減できます。

気象庁は日本全国に配置した測候所に、気圧、温度、日照、湿度、風向、風速、雨量などを計測するセンサを設置し、その地域の気象情報を収集しています。また、降雨量は、雨水からの電波の反射を利用したレーダで遠隔計測します。その他に、**図1**に示す東経140度、高度35800kmの静止軌道上に打ち上げた気象衛星「ひまわり」から得られる雲の画像情報をも含めて天気予報を出します。

台風が発生し接近するとき、一番関心が持たれるのは台風の進路と強さ、そして降雨量や潮の満ち干データと関連した予測情報です。ここでは測候所のローカルなデータと、遙か上空のひまわりから見た大局的な情報とが予測に役立ちます。さらに、地球規模の大気循環などを数値化した気象モデルがコンピュータ内に構築されていて、実際の気象変化に先行するシミュレーションを行い、予測情報が形成されます。この気象モデルはローカルな気象データを使用して修正し、より精緻化されるので、天気予報や台風の進路予測の正確さは大局的およびローカルなセンシング技術で改善されているのです。

測候所に設置されるセンサは、早くから開発が進んだため、その方式が固定していましたが、新しい技術を利用した変化も見られます。

図2は伝統的なカップを持つ腕が回転して風速を求める風速計と矢羽根とが合体した風向風速計です。**図3**に示すのは超音波を利用した機械的な可動部を全く持たない風向風速計です。1点で交叉する3本の測線に沿って超音波を往復させ、その伝搬時間の差からベクトルとして風向と風速とを計算して求めます。

要点BOX

- ●全国の測候所で地域のデータを集める
- ●気象衛星から雲の画像情報
- ●気象モデルでシミュレート

図1　気象衛星による地球観測システム

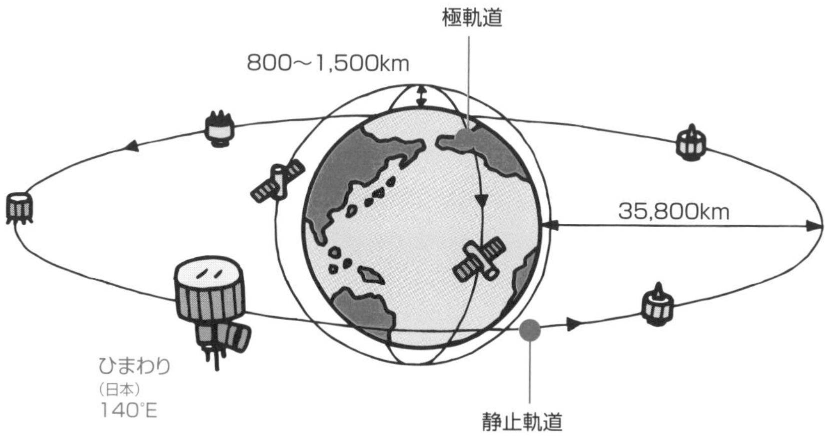

図2　風向、風速センサ

図3　超音波風向、風速センサ

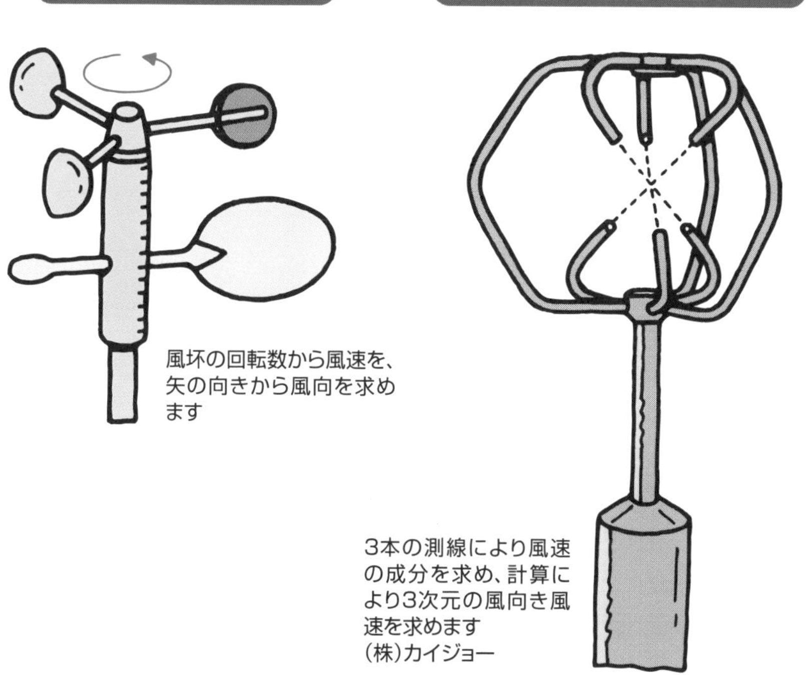

風杯の回転数から風速を、矢の向きから風向を求めます
3本の測線により風速の成分を求め、計算により3次元の風向き風速を求めます
(株)カイジョー

第2章　まとめと補足

この章では社会システム、特に交通システムの中で大切な役割を果たすセンサの働きと動作原理を紹介しました。センサは文字通り縁の下の力持ちとして目立たないところで重要な役割を果たしつつあります。

❶社会システムの中で、流通や交通において種々の自動化システムが動作しています。それらは人間との接点で、文字や符号を自動的に読み取る機能が不可欠です。社会システムにおけるセンサは、温度や明るさなどの物理量を計測するだけではなく、乗車券やICカードに書き込まれた情報を読み取り、券やカードを持つ人間や品物を認識する役目を果たします。すなわち、センサの役割は計量より認識に移っています。

❷交通システムにおいては、移動する人間や車両を対象とするので、動く対象と地上の固定設備との情報交換は、接触方式から電波や超音波を利用した非接触方式に移りつつあります。

❸人間と機械とでは文字や数字の読み取り方が異なるため、機械が読みやすい符号が人間には読み取りにくく、両者を両立させることは困難でした。そのため機械のためにバーコード表示、人間のためには文字や数字による併記がなされています。しかし、機械の認識技術が進歩して、徐々に人間に近づきつつあります。

❹社会システムにおけるセンサは、個別に作用するだけではなく、広域に展開された大規模なセンシング・システムとして情報インフラを形成しています。渋滞情報や気象情報はこのような広域センシングシステムにより作成されます。

❺生活に密着した気象予測情報の収集は、各地に配置されたセンサ群によるローカルな情報と、地球規模のリモートセンシングであるセンシング・システムで収集した俯瞰的な情報を組み合わせて作成されます。

気象モデルはグローバルな情報で作成され、ローカルな情報により改善されます。

社会システムの中のセンサの特徴

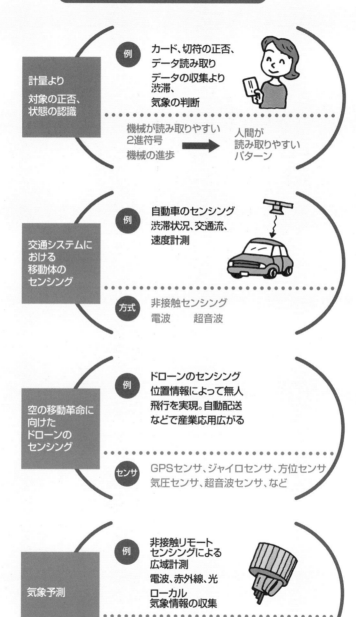

計量より

対象の正否、状態の認識

例　カード、切符の正否、データ読み取り
データの収集より渋滞、気象の判断

機械が読み取りやすい2進符号
機械の進歩 → 人間が読み取りやすいパターン

交通システムにおける移動体のセンシング

例　自動車のセンシング
渋滞状況、交通流、速度計測

方式　非接触センシング
電波　超音波

空の移動革命に向けたドローンのセンシング

例　ドローンのセンシング
位置情報によって無人飛行を実現。自動配送などで産業応用広がる

センサ　GPSセンサ、ジャイロセンサ、方位センサ
気圧センサ、超音波センサ、など

気象予測

例　非接触リモートセンシングによる広域計測
電波、赤外線、光
ローカル気象情報の収集

広域情報+
局地情報+
数値モデル → 天気予報、台風進路予測

Column

リアル世界とサイバー世界
―本質と制約

情報の世界はリアル空間とサイバー空間に大別されます。

リアル空間は日常経験する世界で、空間と時間が連続して流れる世界です。ただし、時間だけは過去から未来へ一方向に限定されます。

サイバー空間は、コンピュータやインターネットにより構築された仮想的世界なので、空間も時間もともに離散的に符号化されたデータで構成されます。物理的には実在せず、情報世界でのみ存在します。サイバー空間では、情報処理がアルゴリズムに従い速やかに実行されます。リアル空間と異なり、時間の流れの一方向性や因果律の制約もありません。時間の流れの逆転も可能です。

ただ、忘れてはいけないのは、サイバー空間におけるデータは、すべて空間的あるいは時間的にサンプリングされたデータであることです。サンプリングの正当性、すなわち、時間的代表性と空間的代表性とが保証されねばなりません。それを支配するのは、サンプリング定理です。その前提が崩れると、リアル空間に戻したときに状態が再現できません。

リアル空間で得たデータの処理はサイバー空間で実行する方が正確で、高速ですから、データの処理はサイバー空間において実行されます。サイバー空間でのデータは人間が意味を理解しにくいので、データをリアル空間に再変換して人間の理解を助けます。

リアル空間においてデータを収集し、信号化するのはセンサです。リアル空間の現象や物質は多種多様なので、データを集めるには多くの種類のセンサが必要です。したがって、センサはリアル空間とサイバー空間とを情報でつなぐキーデバイスといえます。

第3章

センサを働かせる共通の原理と構造

この章は、前の二つの章と異なる見方で、
センサ技術がどのような性格の技術であるかを考え、
センサ全体に共通する特徴を明らかにするのが目的です。

12 センサの役割をあらためて考える

人工の機器で情報を得るのをセンシングという

●センサとは、また、センシングとは

私たちは対象に興味をひかれると、五感あるいは人工の装置を利用して対象に関する情報を獲得しようとつとめます。動機が単なる知的好奇心の場合があれば、社会的要請が強い場合もあるでしょう。

いずれにしても、人工の装置や機器で情報を得ることをセンシングといい、センシングを実行する装置をセンシング・システムと呼びます。センシング・システムの中で、対象にもっとも近い要素がセンサです。

●信号変換とは

センサの目的は信号の変換です。信号とは対象に関する情報を運ぶ媒体となる量です。信号は光や磁気などの物理量あるいは電気量です。センサは対象の特徴となる量を信号として検出し、それを主として電気量である電圧や電流、あるいは電気抵抗、周波数などに変換します。すなわち、センサの入力信号は対象の特徴を表す量であり、出力信号は電気信号です。電気信号が出力信号として使われる理由は、信号として遠くに伝達したり、強めたり、ノイズを分離するような処理が容易だからです。また、コンピュータによる処理も可能です。信号変換には、種々の物理現象や物理法則が巧みに利用されます。さらに、化学反応や生体の持つ機能が利用されることも少なくありません。センサのことを変換器と呼ぶことがあり、また、検出器とも呼ばれます。

第1章で述べたように、個人を識別せず人間の接近を検出するのに赤外線センサが使われる理由は、対象として人体の特徴を共通の赤外線を発するモノとみなして近接の検出ができるからです。赤外線の強さを入力信号とし、電気信号に変換します。人体を赤外線源としてモデル化し、特徴量として赤外線の強さを選べることが、赤外線センサが選択された理由です。対象のモデルの構築が不可能なら、特徴量も決定できず、センシングはできません。

要点BOX
- ●センサの目的は信号の変換
- ●対象の特徴となる量を信号として検出
- ●出力信号のほとんどは電気信号

センサは対象の特徴に関わる量を変換して電気信号を出力する

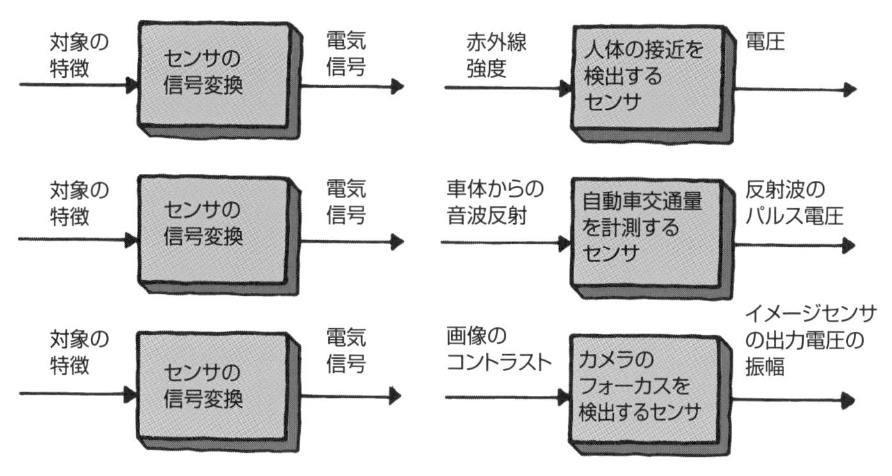

信号変換の木

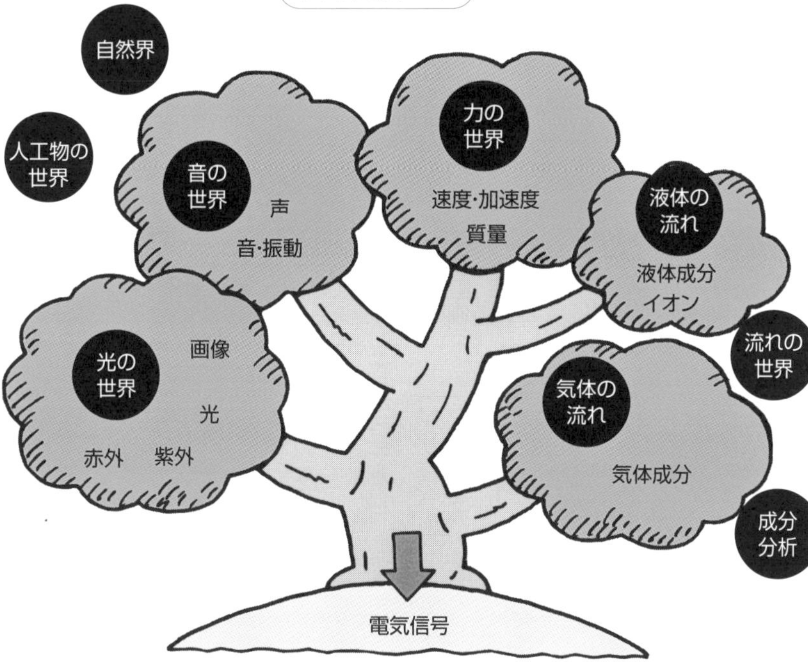

自然界

人工物の世界

音の世界
声
音・振動

力の世界
速度・加速度
質量

液体の流れ
液体成分
イオン

光の世界
画像
光
赤外　紫外

気体の流れ
気体成分

流れの世界

成分分析

電気信号

13 センサを出力信号から考える

出力信号は整理しやすい

センサは千差万別といわれるくらい非常に多くの種類があります。センサを入力信号から考えると、整理がむずかしく、見通しの良い全体像の構築は困難です。視点を変えて出力信号に着目すると、整理が容易で、全体が把握しやすくなります。

●アナログかディジタルか

出力がアナログ信号かディジタル信号かは大きな違いです。大部分の入力信号は、大きさが連続的に変化するアナログ量であり、入力信号に対応して連続的に変化する信号がアナログ出力信号です。アナログ出力は、対応する入力信号を正確に計測し、対象を定量的に把握するのに重要です。入力がアナログでも、出力がディジタル信号の場合があります。数値が重要ではなく、あるレベルより高いか低いか、二つの状態のどちらであるかを知りたい場合は、その情報で十分だからです。この場合、センサの出力に応じてとるべき手段は二者択一で決まっています。このタイプをオン・オフ形センサとも呼びます。明るさに応じて街路灯を点灯するか消灯する場合、明るさはアナログ量ですが、出力はオンかオフです。ディジタル出力にも、入力信号が二つの状態のいずれか、たとえばプリンタの紙の有無のような場合があります。

●アナログ出力信号の種類

アナログ出力は、その大きさを測定した結果から、入力信号の大きさを推定する計測の場合が多く、連続で正確に測定しやすい量である直流の電圧や電流が適します。周波数の変化も信号に使われます。周波数は伝送経路の影響を受けにくい特徴があるからです。

●有線経路か無線伝送か

出力信号の伝送経路は、有線か無線か、さらに有線であれば経路が専有か共有かに大別されます。無線は空間を共有しますが、システムの広域化、センサ数の増加に伴い、無線伝送が選択されています。

要点BOX
- ●アナログ出力は定量把握向き
- ●入力がアナログでも、出力がディジタルの場合もある

図1　センサの出力からセンサを整理する

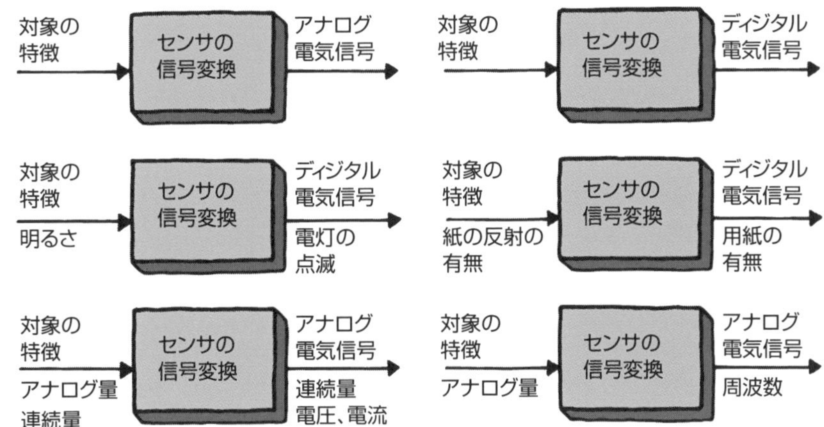

図2　出力はアナログ信号かディジタル信号

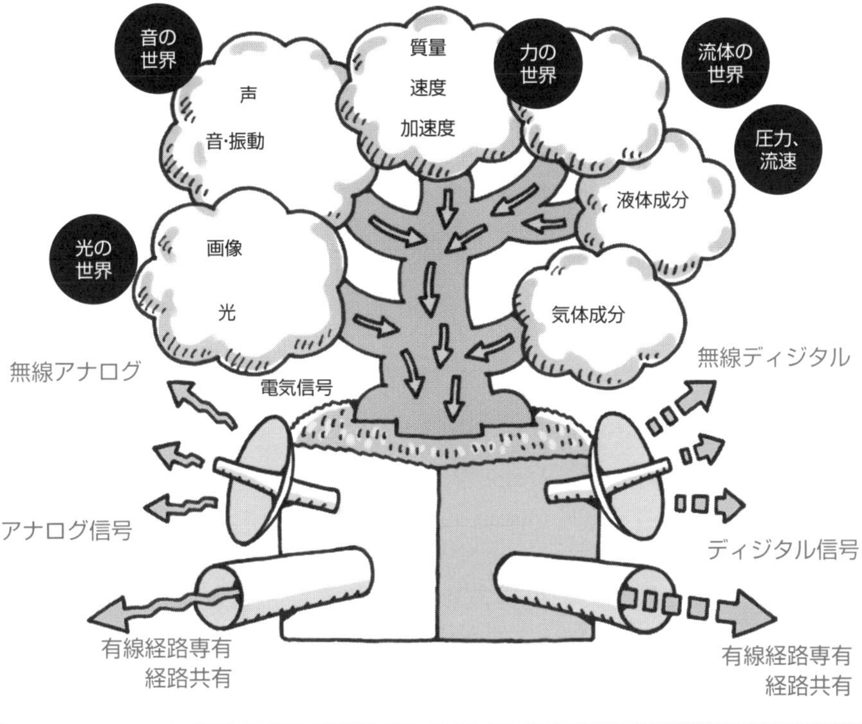

音の世界
声
音・振動
質量
速度
加速度
力の世界
流体の世界
圧力、流速
液体成分
光の世界
画像
光
気体成分
無線アナログ
電気信号
無線ディジタル
アナログ信号
ディジタル信号
有線経路専有
経路共有
有線経路専有
経路共有

14 エネルギー変換と信号変換

受動型センサと能動型センサ

●エネルギー変換型センサかエネルギー制御型センサ

センサにおける信号変換とエネルギー変換には密接な関係があります。アナログ入力信号を別のアナログ出力信号に変換する過程を考えましょう。

フォトダイオードや太陽電池を光センサとして使用したときに出力される電力は、センサに作用する光のパワーの一部です。この種のセンサをエネルギー変換型センサといいます。パワーまたは電力は仕事率で、それに作用した時間をかけるとエネルギーとなります。サーミスタ温度センサや硫化カドミウムを使用した光センサは、温度や光により電気抵抗が変化しますから、電源に接続し電力を加えることで、電圧や電流の出力信号が得られます。出力の電力は外部電源から供給された電力の一部で、検出対象の熱や光が変換されたものではありません。温度や光などの入力信号は、外部電源から出力へのエネルギーあるいはパワーの流れを制御しているのです。このようなセンサをエネルギー制御型センサといいます。出力信号のエネルギーあるいは電力が検出対象からきているかで、センサの信号変換方式を大別できます。

●受動型センサと能動型センサ

センサの入力に作用するエネルギーと、出力に取り出されるエネルギーとの大小について考えます。エネルギー変換型センサでは、出力エネルギーは入力より大きくなり得ないので、受動型センサと呼ばれます。エネルギー制御型センサでは、出力側のエネルギーやパワーは外部電源から供給されるので、供給を増やせば出力を増加させることができます。したがって、出力のパワーに注目すると増幅作用を持ち得るので、能動型センサと呼ばれます。信号変換に関わるエネルギー関係を、センシングの方式に拡張できます。**図3**のように、対象に赤外線を送り、対象からの反射波を捉えて対象までの距離や対象の速度を知るセンシングは、能動的センシングといえます。

要点BOX

●エネルギー制御型は出力側のパワーを外部電源から供給されたもので増幅作用を持ち得るので能動型センサとも呼ばれる

図1　エネルギー変換型センサとエネルギー制御型センサ

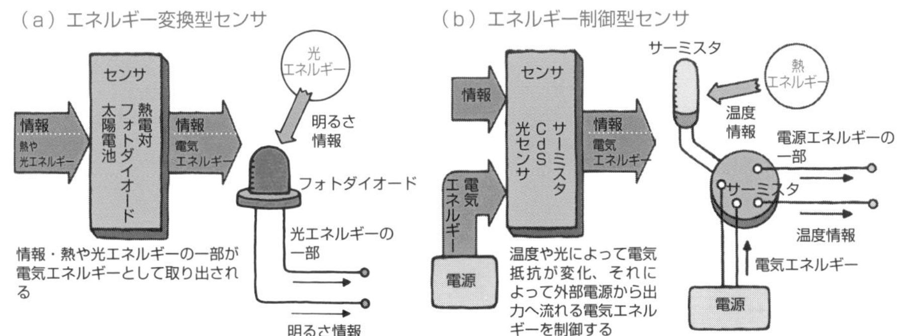

図2　能動的センシング

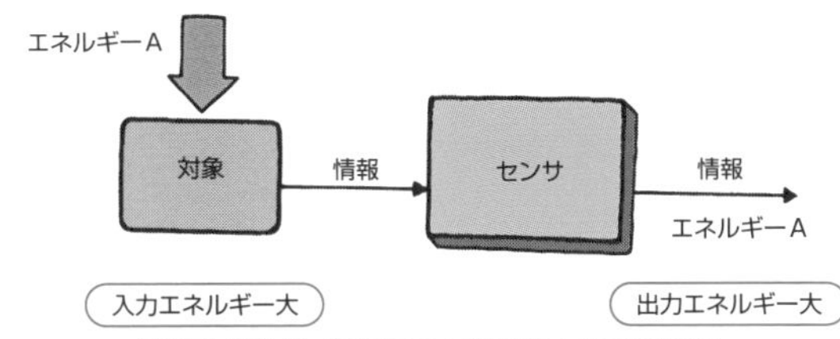

対象にエネルギーを加えてその効果をセンサで検出する

図3　受動センシングと能動的センシング

(a)受動的センシング

画像のコントラストが最大になるようにレンズを調節すると焦点が合い、対象までの距離が求められます

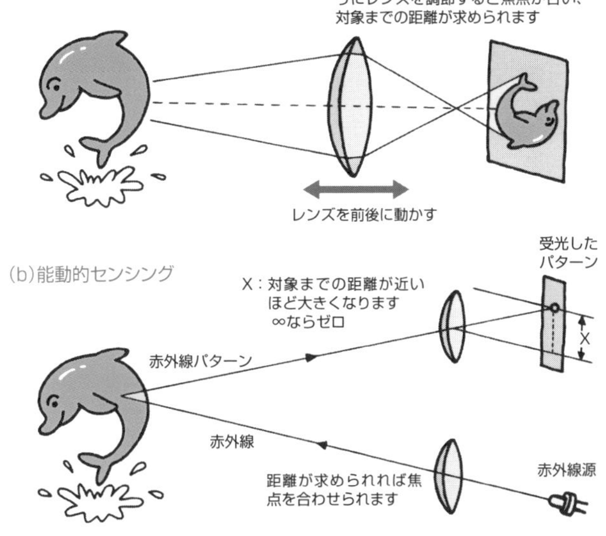

15 構造型か物性型か、あるいはMEMS型

場の法則、物性法則に大別異なるセンサの性格

　信号変換を支配する物理法則が、センサデバイスの構造や特性を支配します。信号変換に関わる物理法則は、場の法則と物性に関する法則とに大別されます。

●**場の法則に支配される構造型センサ**

　場に関する法則は、電磁場や流れの場などにおける空間的あるいは時間的な作用を記述する法則です。静電容量の変化を利用した変位センサや磁界の中での導体の運動による電磁誘導現象を利用したセンサなどは場の法則を利用します。これらのセンサでは、構造や寸法などが特性を直接支配しますが、構成材料の物性はほとんど影響しません。構造や寸法で特性が決定されるセンサを構造形センサと呼びます。

●**物性法則に支配される物性型センサ**

　物性に関する法則は、材料に固有の物理的特性を記述する法則です。それを利用したセンサデバイスとして半導体センサデバイスがあります。シリコンのpn接合の光起電力を利用した光センサや硫化カドミウム（CdS）の光伝導効果を利用した光センサなどでは、検出できる光の波長が材料の物性で決定され、構造や寸法などは特性を支配しません。硫化カドミウムの代わりに硫化鉛（PbS）を使うと、赤外線領域に感度を持ちます。物性に特性が支配されるセンサを物性形センサと呼びます。

●**構造型か物性型かあるいはMEMS型**

　構造型センサは高感度で安定した特性を持つセンサを実現しやすく、用途に最適な設計ができます。物性形センサは特性が材料に支配されるので設計の自由度は減りますが、半導体技術や微細加工技術を使うと、超小型センサを低コストで大量生産できます。家電や自動車のセンサは物性形が多く使われます。さらにMEMS技術を使用すると、精密な加工特性を利用して、高性能な構造型センサを大量生産できます。

要点BOX

- ●構造型は高感度で安定
- ●物性型は特性が材料で決定
- ●MEMS型は低コストで高性能で大量生産向き

構造型センサと物性型センサの実例

●センサの信号変換を支配する物理法則

場の法則　例:電界、磁界の法則 ——— 構造型センサ

物性法則　例:光起電力効果 ——— 物性型センサ

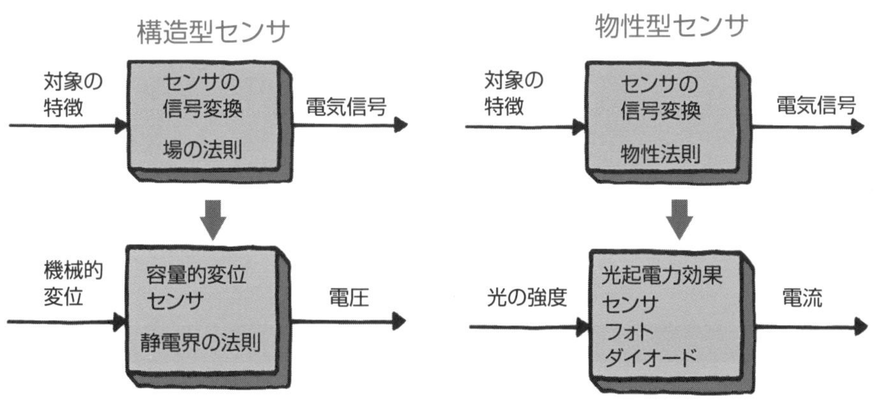

物性型フォトダイオード光センサ

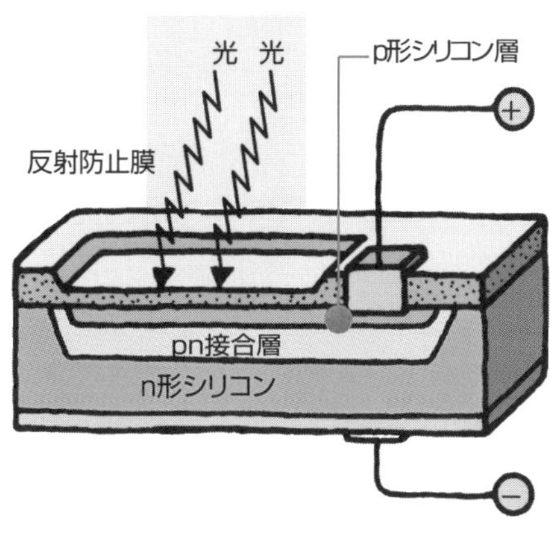

構造型容量形変位センサ

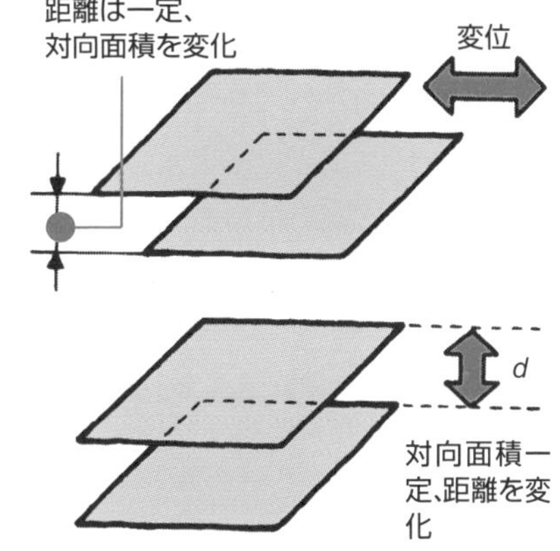

物性型 ——→ MEMS型

MEMS型（物性型の特徴をもつ）

MEMS型（構造型の特徴ももつ）

電気容量Cは次式に示すように面積Sを変えても距離dによっても変化します。

$$電気容量: C=\frac{\varepsilon S}{d}$$

ε:誘電率
S:対向電極面積
d:電極間距離

第3章　まとめと補足

この章では、センサの検出対象に依らず、すべてのセンサに当てはまる基本的な事柄を述べました。

センサは用途に応じて開発されてきたため、センサは千差万別ともいわれ、共通な知識が少ない断片的な技術と思われてきました。本章では、そのような見解に挑戦し、技術共通の特徴や構造を示すキーワードを明らかにし、技術の全体像が見えるようにつとめました。

❶センサの基本的な役割である信号変換を説明し、センシング技術の中に位置付けました。センサの入力信号は対象の特徴を表す量で、どのような量を特徴とするか、その選択がセンシングにおいて重要です。

❷多様なセンサを理解するには、センサの入力よりも出力信号に着目した方が見通しがききます。

出力信号はアナログ信号とディジタル信号とに大別されます。ディジタル信号で最も簡単な場合、1か0かの2値で、信号に対応してとるべき状態が決まっています。アナログ信号では、直流の電圧か電流が多いですが、交流の周波数も使われます。出力信号の伝送経路も有線か無線かで区別されます。

❸センサにおける信号の変換とエネルギー変換には密接な関係があります。入力と出力のエネルギー関係から、エネルギー変換型センサとエネルギー制御型センサとに大別できます。入力信号により電気抵抗あるいはインピーダンスが変化するセンサはエネルギー制御型です。エネルギー変換型は受動型センサで、エネルギー制御型は能動型センサです。

❹信号変換を支配する物理法則で、構造型センサと物性型センサとに区別できます。構造型は高性能のセンサが実現できるのに対し、物性型は半導体やマイクロマシン、いわゆるMEMS技術などを活用し、超小型で高性能のセンサが低コストで大量生産可能なので、より広く使われます。MEMS技術の導入に伴い、製造に専用の設備が必要なため、センサの開発と製造とが分離される傾向が顕著になってきました。

センサ技術の全体像を把握するためのプロセス

センサの基本的機能❶

信号の変換

対象の特徴の選択

対象のモデルを作り、特徴となる量を選ぶ
特徴となる量を変換するセンサの選択

アナログかデジタルか

センサのタイプは入力ではなく出力で区別

センサの基本的機能❷

信号の変換とエネルギー変換との密接な関係
エネルギー変換型vsエネルギー制御型

センサの基本的構造

信号の変換を支配する物理法則
場の法則vs物性法則
構造型センサvs物性型センサ
MEMS型が出現、構造型、物性型の特徴を持つ
量産性に優れたMEMS型が大勢

Column

トレーサビリティと不確かさ

センサやそれを利用した計測の結果を評価するのに誤差が使われてきました。誤差とは、計測値と真の値との差と定義されますが、真の値は厳密に考えるとわからない量です。したがって、誤差もわからないことになります。この矛盾を避けるために「不確かさ」が導入されました。一言でいえば、計測値のバラツキからその値の不確かさを評価するものです。

センサを含めて計測機器は、その値の不確かさの根拠を校正に求めます。校正はより不確かさの少ない基準機器と比較して値を補正することです。校正により不確かさの大きさも明確化されます。図のように、より不確かさの小さい基準の根源を求めて国家標準までたどれると、その計測機器の不確かさは校正を通じて国家標準により保証されます。計測値の根拠を国家標準まで辿れることを示すのがトレーサビリティです。

近年トレーサビリティは別の意味でも使われるようになりました。食品の偽装や産地の詐称などが表面化した結果、品質や産地に関する情報を公示する場合にも使用されるようになりました。品質の素性を産地や銘柄などの出所まで辿れることで示し、その良さを表現するのにトレーサビリティが使われているわけです。

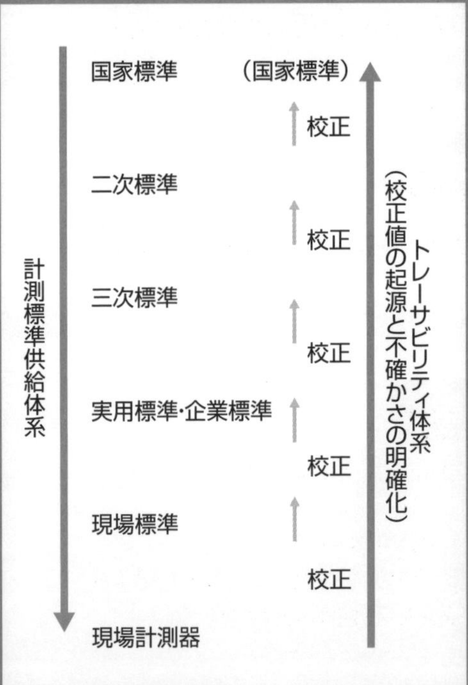

計測標準供給体系
国家標準　（国家標準）
↑校正
二次標準
↑校正
三次標準
↑校正
実用標準・企業標準
↑校正
現場標準
↑校正
現場計測器
トレーサビリティ体系（校正値の起源と不確かさの明確化）

第4章 化学成分センサとバイオセンサ

3章の説明は物理センサを対象としており、
すべてのセンサに当てはまる説明でした。
ここで述べる化学センサとバイオセンサはそれと多少異なり、
いずれも対象の物質の成分に対して異なる感度と選択性を持つのが特徴です。

16 化学センサと成分に対する興味

化学は物質固有の状態を明らかにする

　前章の説明では、物理法則や効果によって信号変換を行う物理センサにおいて、対象の物質に依存せず、一般的なエネルギーや物理法則などを利用して、センサの特性を支配する要因を述べました。しかし、対象の物質成分は大切な知的興味の対象です。アポロ計画で宇宙飛行士たちが月の岩石を持ち帰ったとき、人々の関心は、いかなる成分元素から構成されているかに集まりました。ハヤブサが小惑星イトカワから持ち帰った試料も同様です。成分構成が地球の岩石と同様とわかると、今度は成分の比が興味の対象になりました。NASAから発表された火星の大気の成分の分析結果は地球と全く異なるものでした。その成分分析に使用されたのが化学センサです。環境問題や事件に関する有害物質の分析にも非常に重要です。

　化学センサが持つ物理センサとの重要な相違点は、特定の物質成分に高い感度を持つ一方で、感度を持たない成分があることです。物理学は成分物質に依存しない普遍的性質を記述するのに対し、化学は物質固有の性質を明らかにするという、背景となる基礎科学の性格の違いが現われています。

　物質は通常複数の成分が共存するので、その中で希望する成分のみの存在比や濃度を知りたいことが多く、化学センサには成分に対する高い選択性が要求されます。車の排気ガス中の酸素センサもその一例で、複数の成分が含まれる排気ガスの中で酸素のみを検出します。物質の種類と同様に化学センサの種類も非常に多く、気体成分センサと液体成分センサに大別されます。ここでは代表的な気体成分センサと液体成分センサの原理と構造を紹介します。固体の成分センサはどうなのかと思われるでしょう。前述した岩石の成分分析も、溶かしたり焼いたりして出てくる気体や液体の成分を分析し、もとの岩石の成分を推定しているのです。

要点BOX

●化学センサと物理センサの相違点は選択性
●化学センサは種類が多い
●気体成分センサと液体成分センサに大別

表1　火星の大気の成分(NASAによる)

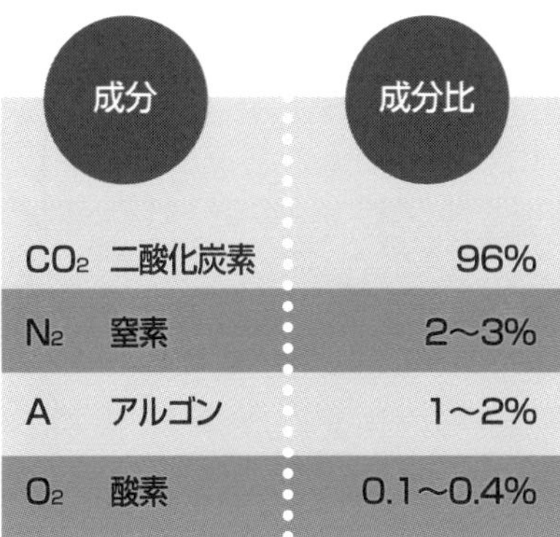

成分		成分比
CO_2	二酸化炭素	96%
N_2	窒素	2～3%
A	アルゴン	1～2%
O_2	酸素	0.1～0.4%

図1　月の石の成分分析

図2　化学成分センサの特徴

物理センサ

特定の物質成分に感度を持つことはない

化学センサ

特定の成分だけに高い感度を持つ

化学センサの機能

信号の変換　物理センサと同じ

物質の構成成分に対する興味は強い

成分がわかれば、次に成分の構成比、存在濃度

物質成分センサに対する要求

1.検出感度　2.選択性

検出感度

微量でも影響の大きな成分　例:環境ホルモン

選択性

共存する成分の中で、目的の対象成分のみに高い感度を持ち、共存成分の影響がない

HOT!

誰にでもしっぽをふる

エサをくれる人にしか関心がない

17 味と匂いのセンサ

食品産業で活躍する味センサと医学用途で期待されるにおいセンサ

味覚と嗅覚は、良い香りやおいしい料理などを楽しむ作用がある一方で、腐敗した食物や有毒なガスから命を守るという重要な働きをしています。五感の中で最も感性に近く、微妙な味や香りの文化に近いので、研究対象としても奥が深い存在です。

食品や香料などを扱う産業では、かつて品質の保持は人間の感覚に頼らざるを得ませんでした。しかし、人の味覚や嗅覚は個人差が大きく、また、体の調子により変わります。そこで、品質保持のために頼りになるセンサの開発が期待されたわけです。味センサについては人間の味覚を五つの基軸要素に還元し、それらを数値化する手法で進められ、実用に耐えるセンサができています。甘味センサ、塩味センサ、酸味センサ、苦味センサ、うま味センサです。それぞれ特殊な人工脂質膜を使用したセンサで、膜の両側の味物質濃度差に対応した電位差を発生します。

匂いはさらに複雑ですが、研究が進みつつあり、外国ではエレクトロニック・ノーズ（電子鼻）とも呼ばれています。一部ではすでに実用化された匂いセンサがあり、飲酒運転をしたドライバーの呼気から酒の匂いを検出しています。

近年得られた知見の中に、匂いと遺伝子との深い関係があります。ヒトは固有の体臭を持っていて、それは指紋のように一生変化しません。その匂いを支配する遺伝子の存在が明らかにされたのです。そこで、遺伝子の異常増殖といわれるガンの検出に匂い情報が役立つのではないかと研究が進んでいます。その研究者たちは匂いセンサの代わりに鋭い嗅覚を持つマウスなどを訓練して使っていますが、動物並みの感度を持つセンサが開発されたら研究が大幅に進むでしょう。

また、空港や税関などでも、麻薬の検出に訓練された麻薬犬と呼ばれる犬が活躍していますが、嗅覚に集中できる時間が限定されます。ここでも24時間働ける匂いセンサの出現が期待されます。

要点BOX

- 食品産業で味の品質を守る味センサが活躍している
- においセンサはガンの検出や麻薬の検出で期待

味覚のセンサ

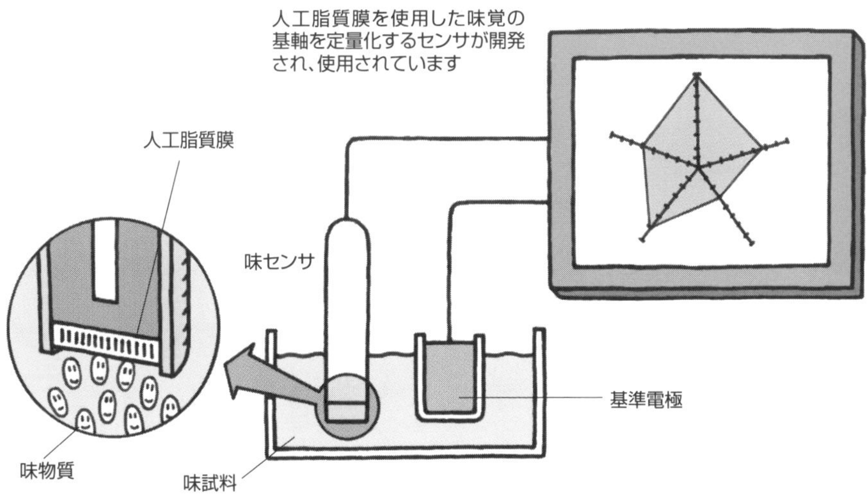

味覚の基軸

甘味
塩味
酸味
苦味
旨味

食品業界では独特の基軸を使って、ビールの「のどごし」や「きれ」などのような表現をすることがあります。

味覚レーダーチャート

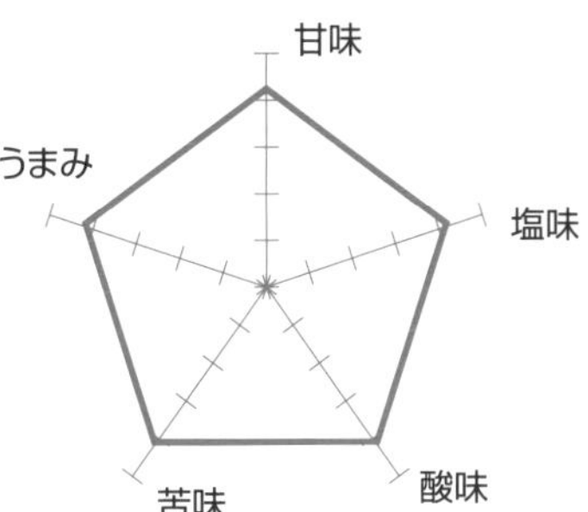

においセンサの実用化は今一歩です。代わりに可燃性ガスセンサとして開発されたセンサの一部がにおいセンサとして使われています

18 分析システムを支配する分光分析

気体成分の分析法として使われる赤外線分光法

分光分析法は対象成分に対して選択性が高い上に、非常に多くの対象物質に適用可能な分析手法です。

物質と種々の電磁波との相互作用に注目して成分が何であるかを識別しながら、相互作用の強さから物質量を定量化する学問領域を分光学（スペクトロスコピー）と呼びます。ここで相互作用とは、物質が固有の波長の電磁波を放出あるいは吸収する現象です。物質には原子核、原子、電子、分子などのレベルがあり、電磁波には波長によりγ線、X線から光、電波までに分かれます。したがって、原子核固有のエネルギーレベルを調べるγ線分光法から、分子レベルの特徴を解明する近赤外、赤外線分光法などがあります。これらはいずれも対象成分に対する選択性が強い分析手法です。この中で日常的に使われるのは可視光から赤外線にかけての分子分光分析です。

一原子分子、同種の二原子分子（H_2、O_2、N_2など）、あるいは同種の三原子分子気体等を除外した多くの気体は赤外領域に固有の吸収スペクトルを持ちます。それぞれの気体分子の振動に共鳴する固有の波長の赤外線を吸収するからです。その例は図3に示すように、CO_2は2・7および4・3μmの波長の赤外線を吸収します。

赤外線ガス分析計（**図2**）は、赤外線源と赤外線センサとの間で、試料ガスに赤外線を吸収させ、受光した赤外線のスペクトルを求めて定性、定量分析を行います。あるいは吸収波長の赤外線を試料に照射して、吸収量から濃度を求めます。

赤外線分光法は、選択性が優れ、感度も高いので、気体成分の分析法として代表的で、広く使われます。特にCO、CO_2、炭化水素などを対象とした自動車の排気分析や、SO_2、NO_xなどを対象とした工業炉の燃焼状態監視などに使われます。環境問題として関心を持たれている地球大気のCO_2濃度もこの方法で計測されています。

要点BOX
- ●対象物の物質成分を電磁波との相互作用で分析する分光分析
- ●赤外線分光法が広く使われている

図1　分光分析と物質成分分析

分光分析による成分分析

原子や分子の状態を光や電磁波との相互作用で調べる

相互作用とは

紫外線,光,赤外線,電波などの吸収
吸収は物質固有の波長や周波数で発生

赤外線吸収スペクトル

気体分子に固有の振動数で生ずる吸収

図2　赤外線ガス分析計の原理

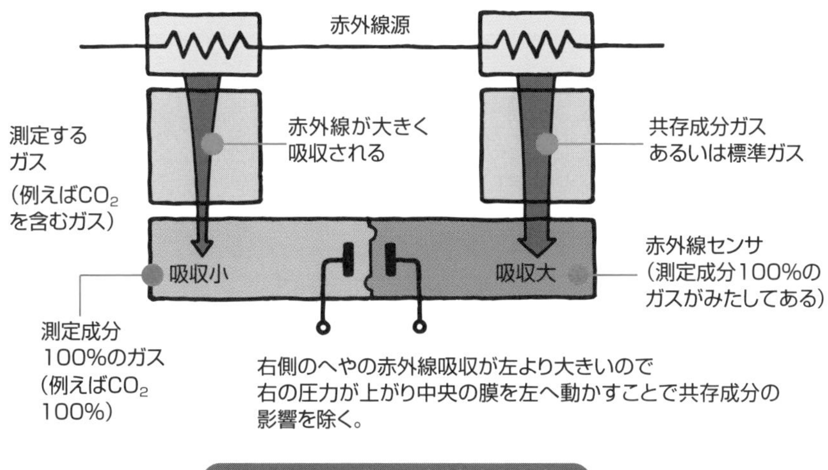

図3　CO_2による赤外線の吸収

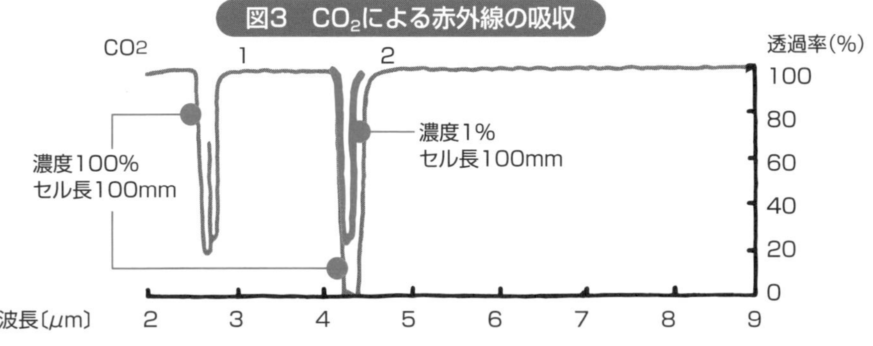

19 液体成分を分析するイオンセンサ

液体のpH、特定イオンの濃度を調べる

●pHセンサ

イオンセンサの代表はpHセンサです。pHは溶液が酸性か、アルカリ性かの指標として使われます。中性溶液はpH＝7ですが、pH7以下を酸性、pH7以上をアルカリ性といいます。pHの計測はガラス電極をセンサとして行われます。ガラス薄膜の電位差が薄膜の両面に接する液体のpHの差に比例することを利用します。

図1にガラス電極の構造を示します。電極内部の液のpHと、測定される液のpHとの差に比例した電圧が電極の出力となるので、測定される液体の電位を別の基準電極で取り出し、その電位を基準として、ガラス電極内部液の電位との差を入力抵抗の高い電圧計で測定します。

●イオンセンサ

前に述べたガラス電極は水素イオン濃度により出力が変化するイオンセンサです。ガラス膜の代わりに種々の薄膜を使って特定のイオン、例えば、Na、Kイオンなどを選択的に検出する電極が開発、実用化されました。イオンセンサは水質管理や公害監視あるいは医療分析などにおいて重要な役割を果たしています。イオンセンサはイオン選択性電極とも呼ばれ、**図2**や**図3**に示す構造を持ち、イオン選択膜、内部電極、内部電解質溶液などから構成されます。とくにイオン選択膜は対象とするイオンにより異なる材料が使われ、機能膜と呼ばれてもっとも重要です。pH電極はガラス薄膜を機能膜として水素イオンに選択的に感じるイオンセンサとみなせます。

ガラスの材質を変えてNa^{+}イオンに対する感度を高めるとNaイオン選択性電極となります。このような特殊ガラス膜電極のほかに固体膜電極、液膜電極、隔膜電極などが使われます。これらのイオンセンサは選択性が十分ではないので、共存するイオンの影響を考慮する必要があります。

要点BOX
- ●ガラス薄膜の電位差を利用
- ●イオン選択膜は対象イオンにより異なる材料
- ●固体膜、液膜、隔膜も使う

図1　pHセンサ電位差の測定

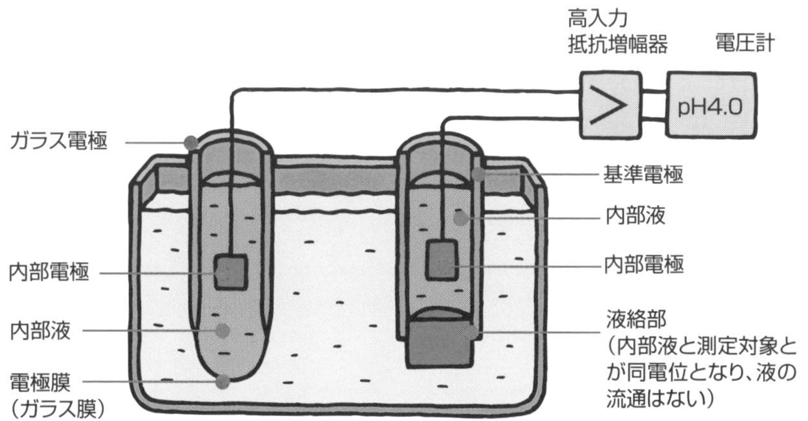

図2　イオン選択性電極

図3　固体膜形イオン選択性電極

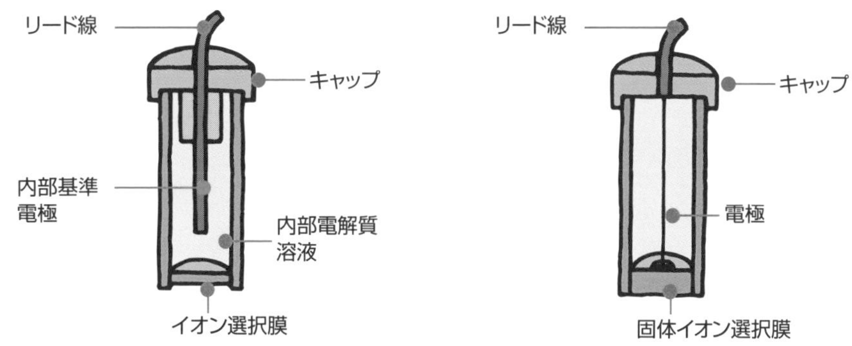

表1　イオン選択性電極

電極の種類	測定イオン	測定範囲（mol/l）	主な妨害イオン※
ガラス膜電極	H^+	$10^0〜10^{-14}$	
	Na^+	$10^0〜10^{-6}$	H^+,Li^+,K^+,
	K^+	$10^0〜10^{-5}$	H^+,Li^+,Na^+,
	NH_4^+	$10^0〜10^{-5}$	H^+,K^+,Na^+,$L1^+$,
固体膜電極	F^-	$10^0〜10^{-6}$	OH^-,
	Cl^-	$10^0〜5×10^{-5}$	Br^-,I^-,CN^-,S^{2-},
	Br^-	$10^0〜5×10^{-6}$	CN^-,I^-,S^{2-}
	I^-	$10^0〜10^{-7}$	CN^-,$S_2O_3^{2-}$,S^{2-}
	CN^-	$10^{-2}〜10^{-6}$	I^-,$S_2O_3^{2-}$,S^{2-},

※選択性を妨害するイオン

20 超選択性を実現した血糖値センサ

酵素、抗原、抗体反応を利用する分子識別機能

成分センサにおいて、目的の成分や物質に対する一層高い選択性が必要になれば、分子識別機能が必要です。イオン選択電極や分光分析などの選択手法では、構造が似た有機化合物を識別する選択性は困難でした。ところが生物の体の中では、酵素や免疫などが分子を識別する高い選択機能として働きます。分子識別を実現する酵素反応や抗原抗体反応が生物由来の機能をセンサに使用し、対象の分子識別機能を実現する仕組みが開発されました。それが酵素や抗原あるいは抗体をセンサデバイスに固定し活用するバイオセンサです。

錠と合鍵との関係のように、酵素が特異的に作用する基質との組合わせによるものを酵素センサと呼びます。また、異物が侵入したとき、それと強く結合する性質を持つ抗体が生成されるのが免疫です。抗体と異物である抗原との選択的結合である抗原抗体反応を利用するバイオセンサが免疫センサです。

バイオセンサの例として、糖尿病の診断に不可欠な血糖値センサを取り上げます。糖の中でグルコース（ブドウ糖）のみを選択的に検出するセンサです。酵素グルコース・オキシダーゼが触媒となり、**図1**の反応が進行し、過酸化水素H_2O_2を生じます。生成されたH_2O_2を電極反応で電流に変換すると、グルコースの濃度がわかります。グルコースセンサの構造を**図2**に示します。酵素はH_2O_2を透過させる膜に固定され、白金を陽極、銀を陰極とする電極を持ちます。グルコースを溶解した液に挿し、陽極に約0.7Ｖを加えると、反応により生じた過酸化水素濃度に対応した電流が流れるので、グルコースの濃度が推定されます。

グルコースセンサを患者の体に固定し、血糖値を一定時間間隔で計測してメモリに保持しておき、親機からの命令を受けると無線で送信する機能を実現した、自動化されたセンサシステムが開発されています。

要点BOX
- ●生物に由来する機能の活用
- ●錠と合鍵の関係を利用した酵素センサ
- ●長時間の安定性が課題

図1　酵素が触媒となる反応

$$C_6H_{12}O_6 + O_2 \xrightarrow[\text{触媒}]{\text{酵素グルコース・オキシダーゼ}} C_6H_{10}O_6 + H_2O_2$$

グルコース　溶存酸素　グルコン酸　過酸化水素

図2　固定化酵素センサの構造例（グルコースセンサ）

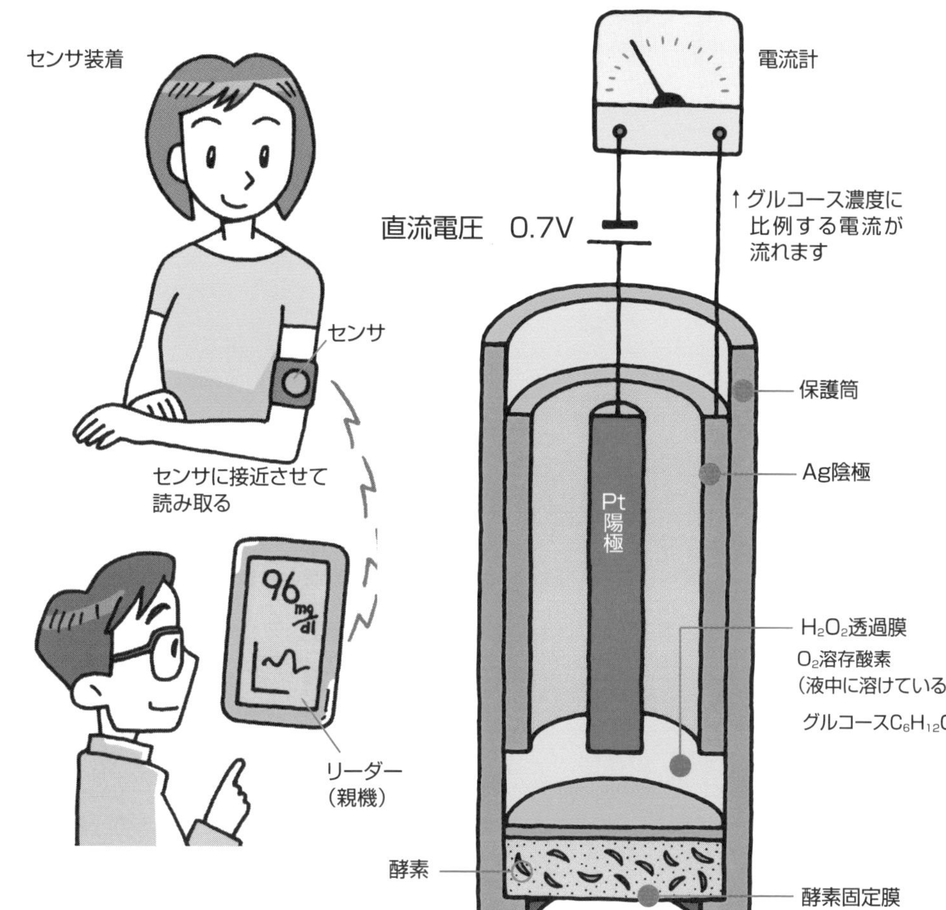

第4章 まとめと補足

この章では、化学センサとバイオセンサの特徴を紹介しました。まとめると次のとおりです。

❶化学センサは、対象となる物質に対しては高い感度を持つが、共存するほかの物質に対しては感度を持たない選択性が重要です。物理センサは原則として対象の物質に依存しないので、エネルギーをキーワードとして信号変換を統一的に説明できました。化学センサでは、物質の種類に対応して非常に多種のセンサが存在しますが、選択性をキーワードとして信号変換を解説しました。

❷化学センサの中で、最も期待が大きいのは味と匂いのセンサです。味覚と嗅覚は五感の中で最も感性に近いといわれ、味と香りの文化にも関係するからです。期待に応えて最も急激に発展する分野でしょう。また、においと遺伝子との関係にも興味が湧きます。

❸共通して使用される代表的な分析手法として分光分析があります。物質が固有の波長の電磁波を吸収する性質を利用する手法で、分子の赤外線の吸収を利用した赤外線分光法は選択性に優れた気体成分分析法として広く使用されています。

❹液体の成分センサとしてのイオンセンサは、機能膜の両面における対象のイオン濃度の差に応じて出力の電位差が発生する現象を利用した電極センサです。機能膜としてガラス膜を使用すると、水素イオンに感じるpHのセンサとなります。機能膜が選択性を支配します。

❺対象物質の分子を識別するような高い選択性を実現するために、生物機能を活用し、特定の酵素をセンサに固定したバイオセンサが開発されました。識別困難な有機化合物に対しては、バイオセンサにより選択性の問題が解決されました。

ただし、物質ごとに理想的な選択性が実現すると、対象物質の数だけセンサを用意しないとセンシングができない矛盾が生じることになります。

選択性をキーワードにした化学センサ技術のまとめ

物理センサ vs 化学センサ❶

物理センサは対象の成分によらない感度
化学センサは対象の成分に選択的な感度
成分選択性が重要な相違

物理センサ vs 化学センサ❷

物理センサの感度と信号変換はエネルギーに依存
化学センサの感度と信号変換は選択性に依存

味とにおいのセンサ

感性に最も近く、開発ニーズが大きい

分光分析による成分分析

物質に普遍的で、選択性の高い分析法
分子振動周波数に依存した赤外線分光法

不完全な選択性でも有用なセンサ

酸素原子との選択的結合性による可燃性ガスセンサ
膜電位によるイオン選択性
ガラス膜による水素イオン選択性:pH電極

バイオセンサの超選択性

酵素による分子識別機能

完全な選択性が実現すると
物質の数だけ異なるセンサが必要

Column

オフライン分析、オンライン分析、インライン分析

化学成分センサを使用した成分分析は、分析のやり方や、使用される機器によりオンライン、オフライン、インライン分析などと呼ばれます。

オフライン分析は分析する試料（サンプル）を採取してきて、分析機器があるラボに運んで分析します。センサはラボの機器に使われています。人間の血液などを採取し、ラボで分析されます。成分の時間的な変化が緩やかで、分析する成分の数が多い場合に使われます。

オンライン分析は試料の採取と分析とを常時実行する方式で、試料の採取機器（サンプリング機器）はもちろん、センサや分析機器も分析対象の近くに設置されます。化学プラントの成分制御のように、成分の時間的な変化が早い場合や成分の連続的な監視が必要な時の方式です。

インライン分析は、試料を採取するやり方ではなく、分析対象に直接センサを接触させて分析します。対象の温度や圧力が高い場合は、センサがその環境に耐えなければなりません。しかし、成分の変化には最も早く、忠実に対応できます。上水道や工場廃水の水質監視などはインライン分析です。

●成分分析法と装置

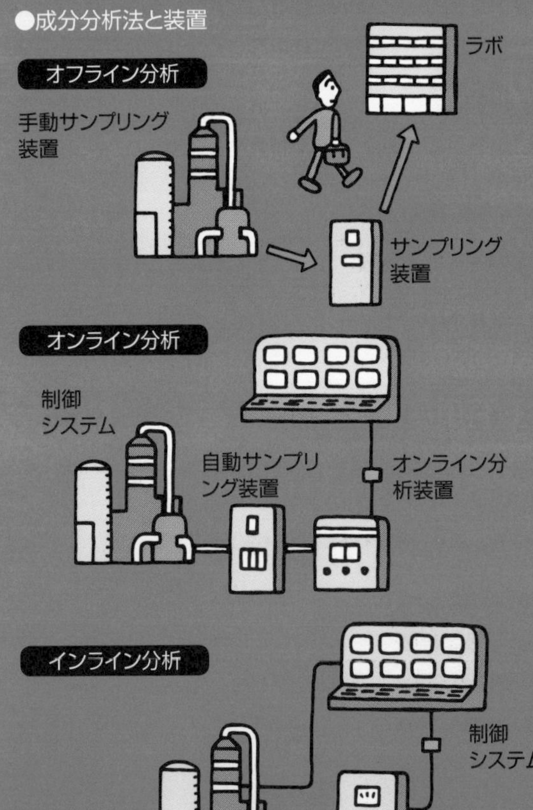

センサ信号の情報処理

信号処理の目的はノイズを分離し
信号の中に埋め込まれた対象の
特徴を抽出することです。

21 センサ信号の前処理でノイズを分離

信号を増強してノイズを除去

●**増幅**

センサの出力信号は有用な情報である信号と無用な情報であるノイズを含みます。エネルギー変換型センサでは信号の電力レベルが低いので、ディジタル信号に変換したり、基準値と比較することは困難です。増幅回路で増幅し、信号の電力レベルを増加させます。それで信号がノイズにより影響されることを防ぎます。積極的にノイズ除去するには、信号とノイズの性質の相違を利用します。

●**信号とノイズの表現**

信号やノイズは時間に伴い変化する波形と周波数で変化するスペクトルで観察でき、両者の差を明確化して分離できます。分離はフィルタにより実行しますが、その効果も**図2**のように確認できます。

●**周波数領域処理：フィルタリング**

信号やノイズに変動や複数の周期の波が含まれている場合には、周波数を変数とする周波数領域で信号を記述するのが便利です。周波数を変数としてパワーの周波数分布を表現したものをパワースペクトルといいます。**図1**に示すように、信号やノイズが周期性を持てば、パワースペクトルにおいてピークが見られます。パワースペクトルにより信号とノイズとが周波数領域においてどのような関係があるか、両者の関係や特徴が明確になります。信号だけを選択したり、除去したいノイズ成分を対象としたりできるフィルタにより両者を分離します。

●**同期加算処理**

広い周波数領域にノイズ・パワーが分散していて、周期性を持たないランダムノイズの場合、時間平均や移動平均をとることで改善できます。特に信号の周波数がわかっていれば、その周波数の周期に同期してデータを加算する同期加算の手法で、加算回数を増加してノイズの影響を抑えることが可能です

要点BOX

●ノイズ除去には信号とノイズの周波数領域の処理か時間領域の処理を行う

図1　信号の表現

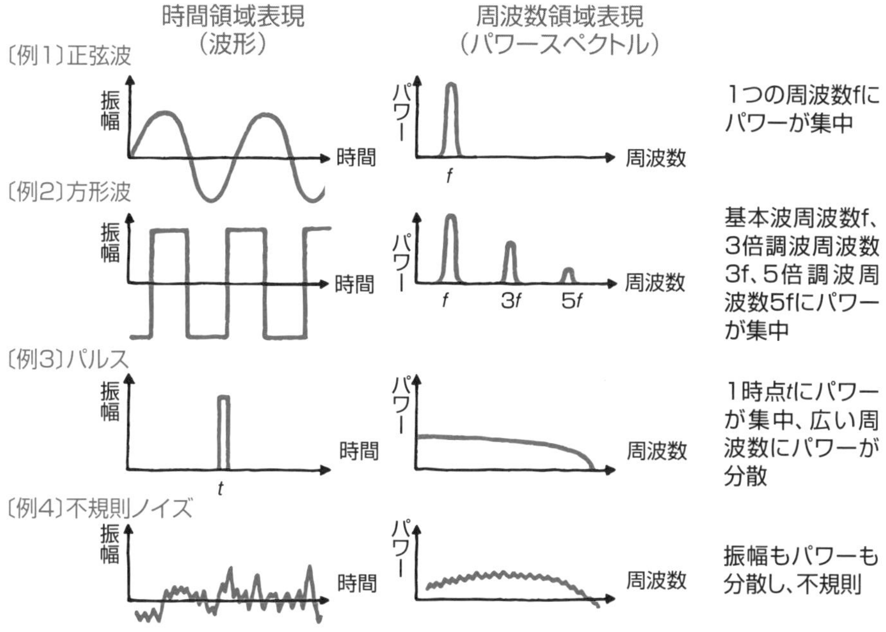

図2　信号処理

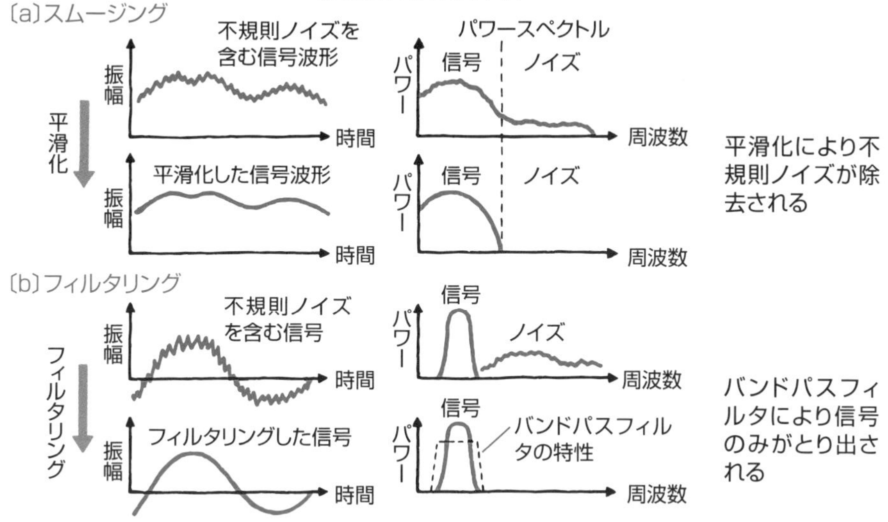

用語解説

バンドパスフィルタ：所定の周波数帯域の信号のみが通過するフィルタ

22 センサ信号の増幅とディジタル変換

アナログ回路とディジタル回路の信号の相違を整合する

センシング・システムにおける増幅は振幅やパワーの単なる増大ではなく、一定の増幅倍率で実行されなければなりません。したがって、非常に高い利得を持つ増幅回路に負帰還をかけて利得を安定化した負帰還増幅回路を使います。増幅デバイスとしては演算増幅器（オペアンプ）が多用されます。演算増幅器を使用した代表的な2回路として、**図1**(a)に入力と逆位相の出力が得られる反転増幅回路と、**図1**(b)に同位相の出力が得られる非反転増幅回路を示します。いずれも演算増幅器の利得ではなく、負帰還回路の抵抗の値で利得が決まります。

センサ信号はアナログ信号で使われるほか、ディジタル信号に変換され、コンピュータで多彩な処理が行われます。その前の処理としてサンプル・ホールド操作が実行されます。アナログ信号のサンプリング（標本化）時点における値を取り出して、その値を保持します。サンプリングされた値がアナログ値を代表して次のサンプリング時点まで保持されます。これで連続的なアナログ信号から**図2**に示す時間的と大きさとがとびとびの値を持つ離散的信号になります。そしてアナログ／ディジタル（A／D）変換回路によりディジタル信号に変換されます。

A／D変換器の代表例として逐次比較形A／D変換器の構成図を**図3**に示します。天びんによる質量測定と同様、分銅に相当する2進化した電圧を加えるか除去するかで、入力電圧と比較し、平衡に達する操作を自動的に実行します。もし10ビットのディジタル信号に変換するのであれば、10回の比較が行われます。変換が実行される間にアナログ信号が変化しないように一定時間ごとにサンプル（標本化）し、大きさを一定値に保持します。

0か1か二値の信号は、コンパレータと呼ばれる電圧比較器回路で基準値と比較され、信号に変換される場合もあります。

要点BOX
●アナログ値をサンプリングし保持するサンプル・ホールド回路。サンプルホールド回路はアナログ回路とディジタル回路の境界で使う

図1　演算増幅器を使用した増幅回路

(a)反転増幅回路

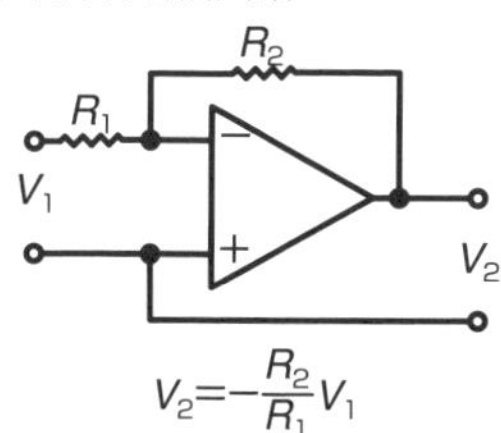

(b)非反転増幅回路

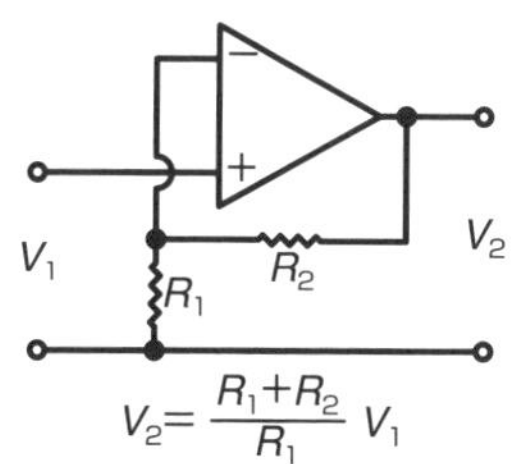

図2　サンプル(標本化)保持回路

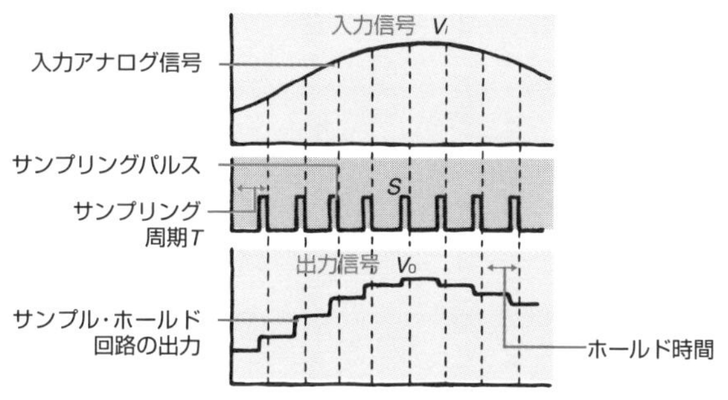

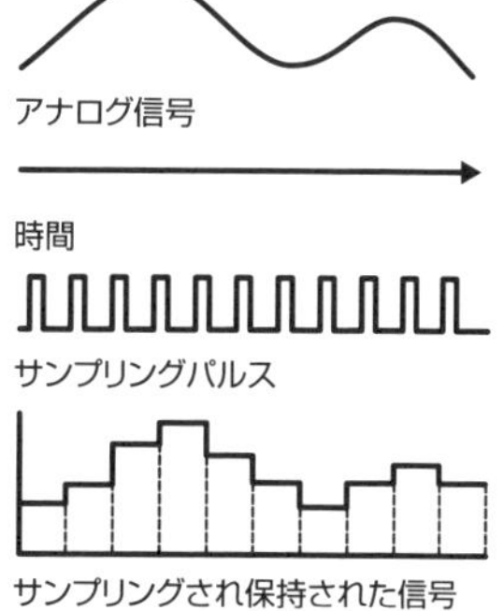

ホールド回路はサンプリング周期Tごとにアナログ信号のレベルを切り取って次のサンプリング時点まで保持され、図3のアナログ／ディジタル（A/D）変換回路でディジタル信号に変換されます

図3　逐次比較型A/D変換回路

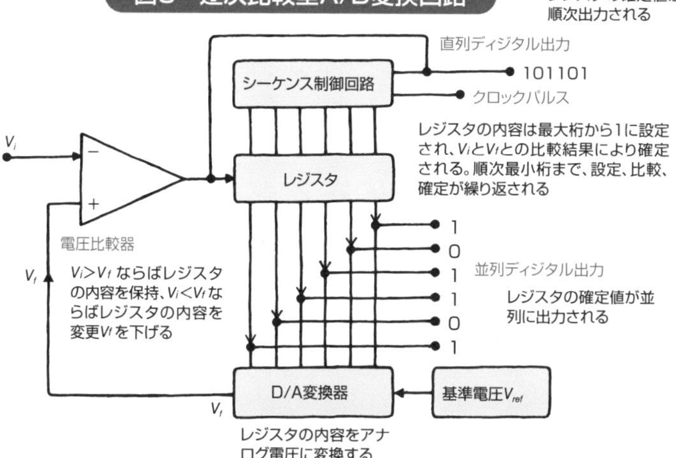

23 ディジタル処理の特徴

ディジタル処理の特徴は高速性と融通性

センサ出力信号をアナログからディジタル信号に変換することによるメリットは、第一に符号として記憶できることです。アナログ信号のままでは容易に記憶を実現できません。メモリに記憶させれば、いつでも取り出して任意の時点のデータと比較することで、データの特徴を明確化できます。現在のディジタル情報処理技術の特徴は、記憶の容量を途方もないほど大きく増やせること。そして、条件に合ったデータを大量なデータから論理的にしかも瞬時に見つけることが可能なことです。

数値で比較するので、人間が行うような大局から判断するようなあいまいな比較はできないと思われるかもしれませんが、2進数値の上の桁からの一致を選べば、対象を絞り込んだり、共通の特徴をもつグループの検索や比較が可能です。

このようにして、センサの現在の値から過去の値との類似を見つけたり、異常を発見することが可能です。5項では、センサはカメラの手ぶれによる画質の劣化を防ぐ働きがある一方で、撮影者が意識的にカメラを動かしながら撮影する流し撮りでは手ぶれ補正が働かないと述べました。無意識な手ぶれによるカメラの動きや意識的な撮影者の意図による動きをカメラに内蔵された角速度センサが検出し、カメラの中に記憶されている基準データと比較して、無意識な手ぶれか意識的な動きかを機械が判別します。また、使用者が自身の癖を機械に覚え込ませる学習も可能です。このように機械が比較データを持って判断するので、あたかも機械が知能を持っているような動作をします。

センシングにおいて、センサの出力信号の情報処理を実行する機械の知能をセンシング・インテリジェンスと呼びます。センサの性能向上とこのインテリジェンスの進歩が機械に新しい価値を賦与することになりました。

要点BOX

●センサの出力信号の情報処理を実行する機械の知能をセンシング・インテリジェンスと呼ぶ

ディジタル信号処理の特徴

1. 多量のデータを短時間にメモリに記憶させ、長時間安定に保持できる。
2. 多量のデータから条件にあったデータを短時間に検索できる。
3. 扱えるデータの数は途方もなく大きく、メモリの拡張も容易である。
4. 比較や検索ににかかる時間は途方もなく短い。

これらの特徴はデータがすべて数値であるために実現できる。
ディジタルコンピュータの記憶容量の増大と演算速度の向上により可能になった。

数値例:
10ビットのデータ100万個をメモリに100分の1秒で記憶させることが可能。
10ビットのデータ10万個から1個の条件に合うデータを100分の1秒で検索可能。

センシング・インテリジェンスの特徴

上記のディジタル情報処理の特徴をセンシングにおける信号処理に活用する情報処理能力がセンシング・インテリジェンス。

センサの出力信号が持つ情報の意味を解釈します。
人間が容易に実行可能な動作であるが、
それを人間より高速度に実行するため、
多量のセンシングデータ処理が可能となり、
新しい価値を創り出す。

24 パターン情報の認識処理

9項のバーコードセンサのところで述べたように、機械は符号の読み取りは得意ですが、パターンの認識は不得意でした。しかし、技術の進歩はセンサによるパターンの読み込みとセンシング・インテリジェンスによるパターンの認識を可能としました。例えば、活字印刷の文字認識はほぼ可能です。人の認識と機械の認識とでは認識に使う特徴が同じではないため、数値化データに適した機械用の認識モデルが開発されて実現しました。機械がおかした文字認識の誤りを見ると、人にとっては意外な文字と混同した誤りに気がつきます。それは認識の特徴が異なることを意味します。

手書きの郵便番号が読み取れるのは、記入される場所が限定されており、対象も数字に限定されるからです。

機械では扱いにくかったパターン情報を人の顔に拡張し、その特徴を数値化して記憶し、それを現在の対象と比較し、同じか異なるかの判断をさせることも実現しました。この技術を応用して個人の認識が可能になったのは、いかにして少ない数値情報で顔の特徴を表現するか、別の言葉でいえば、いかに顔をモデル化するかが研究され、その結果が実用に供されたからです。

人は老人になってから学生時代の同級生と会っても、記憶している特徴から本人と認識できますが、機械はまだそこまではできません。機械の認識モデルでは成長や老化の特徴をうまく取り込めないからです。文字認識と同様に、人間と機械とでは認識の特徴が異なることが理由です。

現在のディジタルカメラで視野内の人の顔に焦点を合わせる操作や、笑顔になった時点でシャッターが落ちるような自動認識操作が実現されているのは、顔のモデル、さらには笑顔のモデルが確立されたからです。

アナログ信号をディジタル信号に変換してコンピュータで多彩な高速処理

要点BOX
- ●センサでパターン認識を実現
- ●応用にはパターン情報の数値化モデルが重要

表1　パターン情報の種類と応用

入力情報	センサ出力	認識出力	応用分野
文字	文字(活字、書き)	文字名	自動文字認識
CT画像	二次元、三次元濃淡画像	正常、異常	診断支援
心電図、脳波	波形信号	正常、異常	診断支援
監視テレビ画像	二次元動画像	目標検出	交通流計測、セキュリティ
検査テレビ画像	二次元動画像	製品合否	自動検査、選別
指紋	二次元濃淡画像	人名	人の同定、入室管理
顔画像	二次元濃淡カラー画像	人名	人の同定、入室管理
音声	音声信号	文章、話者	音声認識、話者照合

上の表に含まれないが、触覚、味覚、嗅覚情報も数値ではなくカテゴリーで認識されるパターン情報

パターン情報の定義

特徴量が空間あるいは時間により変化する状態で示される情報

機械のパターン情報処理は人間の情報処理と異なる

1.人間はパターンの全体的特徴に着眼、次に個別の特徴を認識
2.機械はパターンの個別の特徴に注目して検索

機械はパターン情報処理は不得意であった

パターンの数値化モデルが構築され、検索速度が大幅に増加

1.対象のいかなる特徴を抽出して数値化モデルを構築するか
2.認識の精度は、モデルの精度に依存
3.認識処理の効率化のためコンピュータに適した認識手法を開発

25 人を超えた機械の処理能力

ECUの処理はドライバーの意志を最優先して車の状況を判断する

機械の処理能力がいかに優れているとしても、機械が持って生まれたものではなく、人間が考えて設計し、機械に付与したものに過ぎません。それでも、多くのセンサからの情報を処理し、人間ができない操作をすみやかに実行するシステムが実用化されています。

例えば、車の姿勢の安定化制御、あるいは車の横滑り防止システムです。

積雪や路面の凍結などで、道路が滑りやすい状態の場合に急ハンドルを切ると、車の姿勢が不安定になり、場合によってはスピンして制御不能となり大変危険です。そのような場合に自動的に車の姿勢を安定化するのが姿勢制御です。

システムはドライバーがどこに車を進めたいのか。実際に車はどこに向かっているかをセンサで検出してただちに動作し、異なる車輪にブレーキをかけて車を制御し、より安全な進路を確保します。

この制御システムを統括する要素は電子制御ユニット（ECU）と呼ばれます。ステアリングの舵角センサでドライバーの意思を検出し、ECUに送ります。ヨーレート（角速度）および横方向の加速度センサにより車の実際の動きがECUに伝達されます。また、速度センサは車輪の回転速度から速度を求めてECUに伝えます。ECUはこれらの情報をもとに、ドライバーの意思を最優先して状況を判断し、危険な状態と見ると個々の車輪に適切なブレーキをかけ、車の姿勢を修正します。必要に応じてエンジンの制御も実行します。

人間は車の回転や横方向の加速度を知ることができても、4個の車輪に異なるブレーキ操作を行うことはできません。ECUがすみやかに状況を判断し、適切なブレーキ操作を指令するのは、センシング・インテリジェンスの働きで、瞬時に人間ができない操作を決断し実行しているからです。

要点BOX
- ●ECUは複数のセンサ情報の意味を理解し、高速度で処理を実行する
- ●人間が実現不可能な操作も必要であれば実行

クルマの姿勢安定化制御のコンポーネント

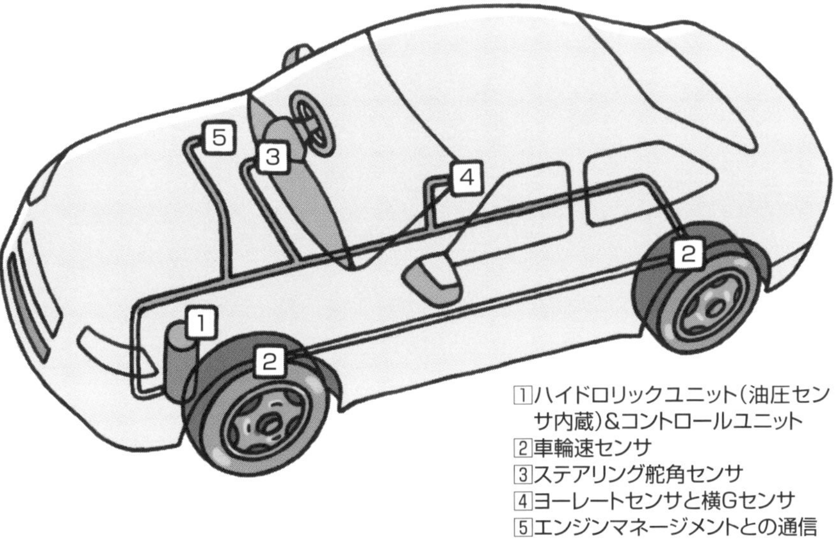

1 ハイドロリックユニット(油圧センサ内蔵)&コントロールユニット
2 車輪速センサ
3 ステアリング舵角センサ
4 ヨーレートセンサと横Gセンサ
5 エンジンマネージメントとの通信

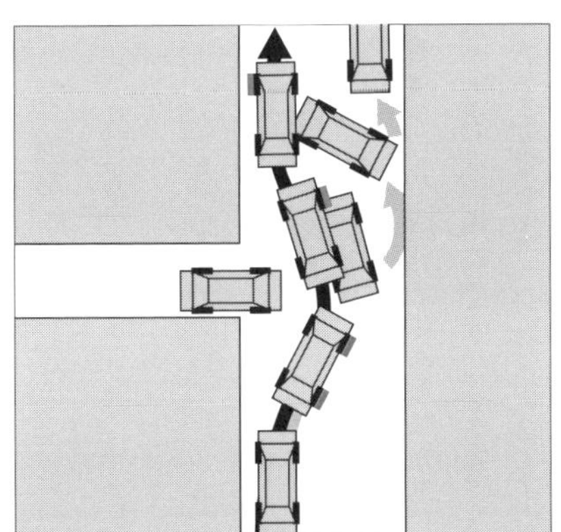

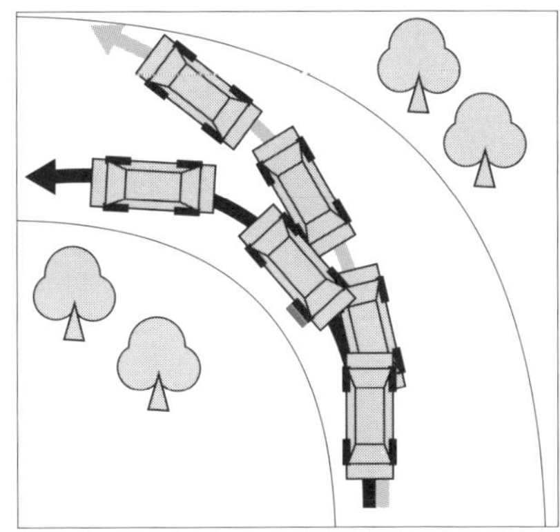

ECUは[▮]マークがついた車輪にブレーキ操作を行う。

第5章　まとめと補足

本章では、センサの出力信号がどのように処理され、使用されるかを実例をあげて説明しました。

❶センサの出力信号にはノイズが含まれていて、それが必要な情報の伝達を妨げるので、周波数領域の違いを利用してフイルタでノイズを分離または除去します。また、センサ情報を活用しやすいように信号電力レベルを増幅器で増強します。

❷センサの出力信号は多くの場合アナログ信号ですが、これをディジタル信号に変換します。より高度の情報処理や操作を実行するには、高度に発達したディジタル処理技術を活用するのが合理的だからです。2進の数値情報であるディジタル信号に変換されれば、データの記憶、貯蔵、比較、検索などの処理について、大量のデータでも高速度に実行できるからです。

❸センサ情報の処理を行う機械の知能はセンシング・インテリジェンスと呼ばれます。多くの場合、ハードウェアではなく、ソフトウェアです。センサの情報の意味を解釈する機能を持ちます。

インテリジェンスという言葉は知能と訳されますが、別の意味として諜報活動の意味があります。対象から情報が取れない場合でも、手を尽くして必要な情報を入手する働きは、センシング・インテリジェンスの一面をよく表しています。

❹機械が苦手とされたパターン情報処理においても、技術の進歩により文字や形の判別ができるようになりました。対象の特徴を適切に表現する数値モデルが作られ、コンピュータの速度が上がった結果、実現しました。これは、人間のパターン認識とは異なる特徴を活用したものです。

❺センサとセンシング・インテリジェンスの活用は、人間の能力が及ばないレベルに到達しています。

しかし、それを実現したのは人間の知恵であり、多くの経験の集積です。

情報の処理を軸にしたセンシング・インテリジェンスのまとめ

1.信号電力の増強とノイズの分離

2.アナログ信号からディジタル信号への変換

アナログ連続量から量子化されたディジタル数値化符号へ
コンピュータによる二進化数値情報の大量データの
高速処理能力を利用

3.センサ情報処理を実行する機械の知能

センシング・インテリジェンスと呼ばれるソフトウェア

4.機械のパターン情報処理能力

人間とは異なる機械のパターン情報処理
数値化されたパターンのモデルにより機械の能力が向上

5.人間の能力を超えた機械の知能

人間の知識と経験の集積を活用した
センシング・インテリジェンス
人間では不可能な高速処理

Column

宇宙を探るセンシング・システム：天体望遠鏡

遠い天体をはっきり捉えるには反射望遠鏡の反射鏡を大きくしなければなりません。光の波長と鏡の口径との比で角度分解能が決まるからです。巨大な反射鏡の姿勢を変化すると、重力の影響で形状が変形して像がぼけます。また、大気の揺らぎによる星のちらつきがこのセンシング・システムの限界でした。

米国のNASAは無重力で、大気もない宇宙空間に望遠鏡を打ち上げ、限界突破を試みました。それがハッブル望遠鏡です。

日本の挑戦は異なり、地上での観測と設置にこだわりました。大気の揺らぎの少ないハワイ島の山頂に設置されたすばる望遠鏡です。反射鏡の変形を検出して外力で調整して補償し、また、揺らぎによる波面の乱れを補償する補償光学系で今までにない遠くの天体の映像をはっきりと見ることができました。

ハッブル望遠鏡は環境を変えて問題を回避しましたが、故障修理や調整のためには、宇宙飛行士が接近し、特殊な作業をしなければなりません。

すばる望遠鏡は情報処理と制御技術で挑戦しました。

センシング・システムの課題はノイズとの闘いで、回避するか、正対して影響を押さえ込むか、人間の知力の限界が試されているのです。

●NASAハッブル望遠鏡

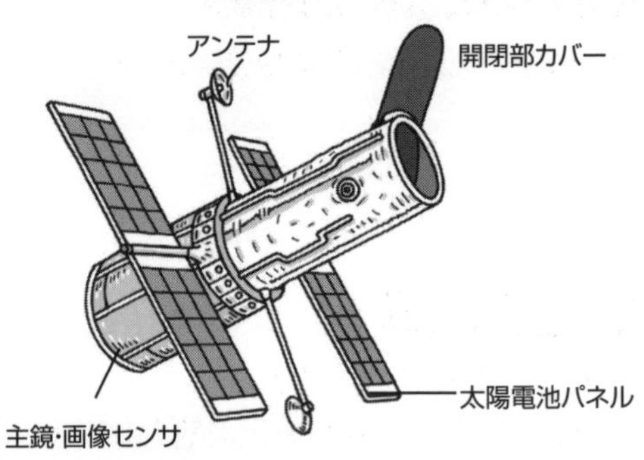

●すばる望遠鏡
主鏡曲率制御システム

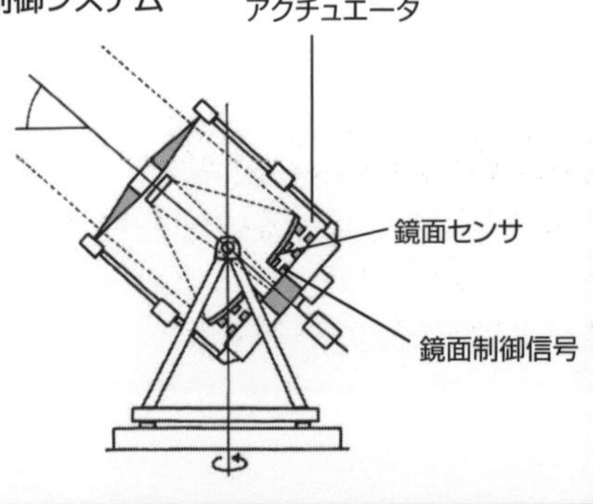

半導体を利用したセンサ

半導体は代表的なシリコンだけではなく、
酸化物半導体もセンサとして使われます。
ここでは、半導体の基本的な性質を解説し、
それが、種々のセンサに利用されていることを述べます。

26 半導体物性の基本

センサではシリコン以外も使う

●半導体とは

半導体とは金属などの導体と絶縁体との中間の電気抵抗を持つ物質です。トランジスタやICなどでは半導体として周期表Ⅳ族のシリコンにⅢ族あるいはⅤ族の元素を僅かに加えたものが使われます。しかし、センサではシリコン（Si）以外にも、Ⅲ族とⅤ族の化合物（例えば、InSb）や金属酸化物（例えば、SnO）などの半導体も使われます。

●半導体中の不純物と電気伝導

周期表Ⅳ族の元素は4個の価電子を持ちますが、それが共有結合で図1に示す結晶構造を構成します。純粋なSiの結晶では、価電子は共有結合で束縛されていますが、熱や光のエネルギーにより励起されると結晶中を動きまわる自由電子が生じ、電気伝導の役目を果たします。また、自由電子の抜けた孔にも他の共有結合の電子を入れて埋めることができます。孔は正の電荷を持つ粒子と同様に移動できるので正孔と呼ばれ、自由電子と同様に電気伝導の役目を果たします。純粋なSiの結晶は常温では自由電子や正孔が少ないので電流はほとんど流れません。

純粋のSiに図2（a）のようにV族のヒ素（As）を加えた場合はヒ素の価電子5個のうち4個は共有結合を形成しますが、残った1個の価電子は結合力が弱く、共有結合の電子よりはるかに小さいエネルギーで自由電子になります。したがって、常温では添加したV族元素の価電子の一個はほとんど自由電子になっていて抵抗が下がります。このような不純物から供給される電子により電気伝導が行われる半導体をn形半導体、電子を与えるV族の元素をドナーと呼びます。また、図2（b）のようにⅢ族のホウ素（B）を加えた場合には価電子が1個不足するので正孔が発生し、抵抗が下がります。不純物から供給される正孔により電気伝導が支配されるのでp形半導体といい、Ⅲ族の元素をアクセプタと呼びます。

要点BOX

- ●純粋なシリコンでは電流はほとんど流れない
- ●不純物から供給される電子で電気伝導するものをn形半導体、正孔によるものをp形半導体

図1 シリコンの結晶構造

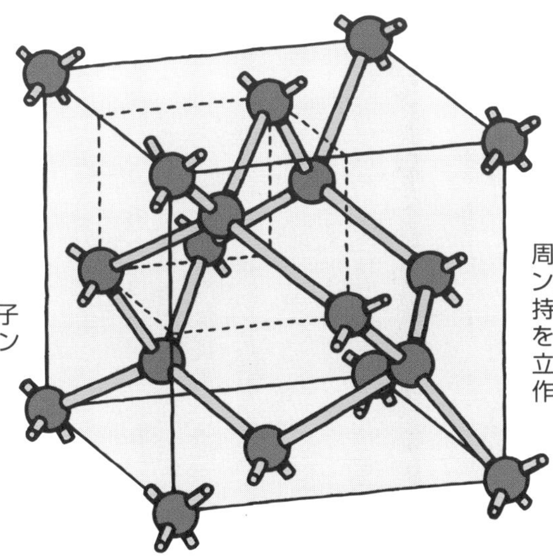

格子定数:立体格子の辺の長さシリコンで5.42×10^{-7}㎜

周期表Ⅵ族のシリコンは4個の価電子を持つので、4本の腕をもち共有結合で立方格子の結晶を作ります

図2 不純物による半導体シリコンの電気伝導

(a)Ⅴ族の不純物ヒ素(As)による電気伝導

不純物の Asから放出された過剰電子

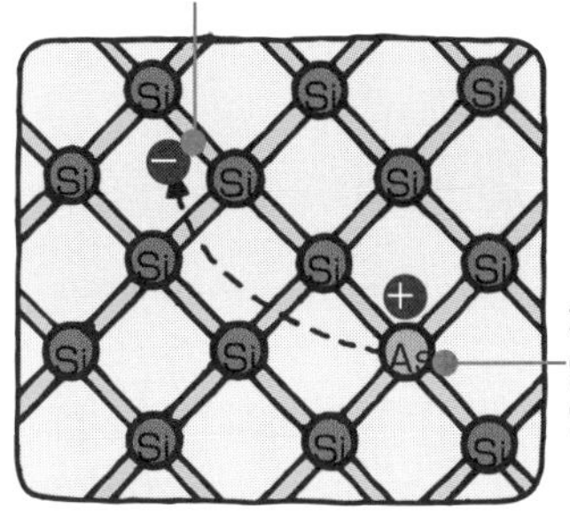

不純物原子As電離して正に荷電

電界

(b)Ⅲ族の不純物ホウ素(B)による電気伝導

B原子は電子を受けいれると共有結合が安定になるが、新しい正孔を生じる

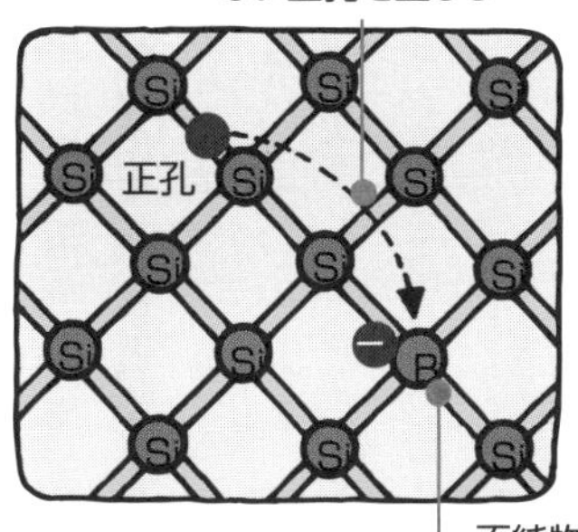

不純物原子B負に荷電する

電界

Ⅴ族やⅢ族の不純物を加えると自由に動きまわれる電子や正孔が増加します

用語解説

共有結合：電子対が２つの原子に共有されて形成される化学結合。
価電子：原子価を決定する電子。元素の化学的性質を支配する。

27 バルク半導体とpn接合の特性

抵抗が温度や磁界で変化するバルク特性、接合では新しい性質が生まれる

純粋な半導体やn形あるいはp形の半導体に熱や磁気を加えると抵抗が変化します。このような単一の半導体の内部で示される特性をバルク特性と呼びます。p形半導体とn形半導体とを接触させて接合を作ると、バルクには見られない性質を示します。

n形半導体の電子はp領域に、p形半導体の正孔はn形領域へと、それぞれの密度の高い方から低い方へと拡散により移動します。その結果、電子を失って正に帯電したドナー原子がn形領域に、負に帯電したアクセプタ原子がp形領域に残り、pn接合間に図2に示すような電位差を生じます。その電界によりそれ以上の電子や正孔の移動は制限されて平衡状態に達します。この電位差を拡散電位差といいますが、接合に電位障壁を形成し、接合の境界に電子や正孔などの電流の運び手（キャリヤと呼ぶ）がなく、電離したドナー、アクセプタのイオンのみが存在する空乏層と呼ばれる部分が形成されます。

pn接合に外部から直流電圧をn形領域が正、p形が負になるように印加すると、前述の電位差に外部の電圧が加算されて障壁が高くなり、電流は流れません。これがダイオードの逆特性です。図1に示すように逆にn形が負、p形が正の方向に外部電圧を加えると障壁が低くなるので電流が流れ始めます。外部電圧を増せば障壁は消失するので電流は急増します。これがダイオードの順方向特性です。

バルク特性として半導体の抵抗が温度や磁界によって変化するのは、電界によって半導体結晶の内部を移動する電子や正孔の伝導が結晶の格子振動の影響を受けたり、磁界の中でローレンツ力によって走行方向が偏向されるからです。また、電気抵抗が熱線や光など電磁波の影響を受けるのは、半導体内部で電子と正孔の対が励起されるからです。

pn接合の電流が熱や光に影響されるのは、空乏層内で電子と正孔の対が励起されるためです。

要点BOX
- ●pn接合によりバルクにない特性を持つ
- ●ダイオードの逆特性と、順方向特性
- ●空乏層内で電子と正孔の対が励起

図1 pn接合と障壁電位差

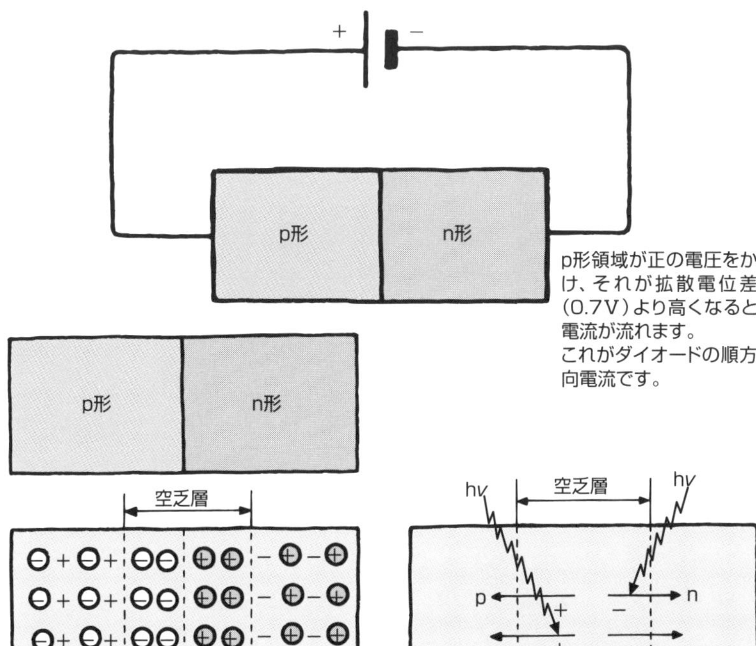

p形領域が正の電圧をかけ、それが拡散電位差（0.7V）より高くなると電流が流れます。
これがダイオードの順方向電流です。

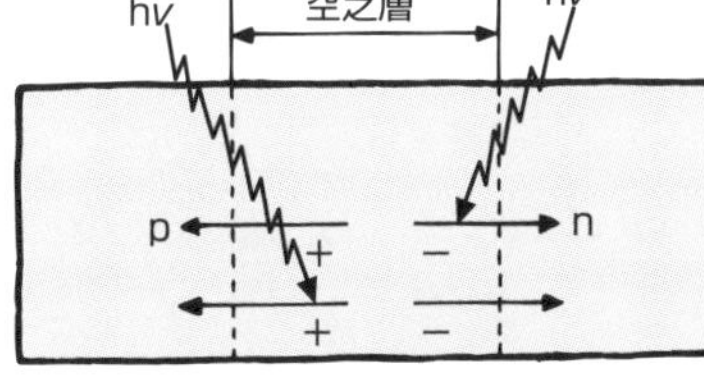

⊖電離したアクセプタ
⊕電離したドナー
+自由正孔
−自由電子

光hνが入射して空乏層内で電子正孔対を生成すると左に示した電界によりそれぞれn、p形領域へ移動するため、電圧が生じ、負荷をつなぐ電流が流れます。（ここで光をhνのエネルギーをもつ粒子フォトンとして示します。）

図2 拡散電位差

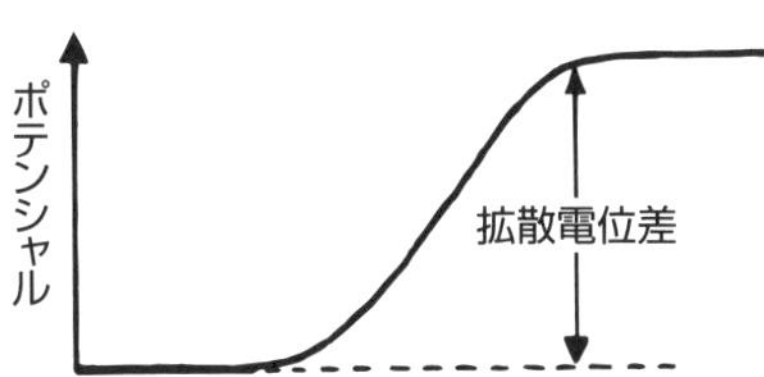

用語解説

励起：活発な状態にすること。
正孔：半導体中における自由電子が抜けた孔、電界により正の電荷を持った粒子のように運動します。
光や熱により、自由電子が生成し、移動すると電子と正孔との対が作り出されます。

28 半導体光センサ

光導電形センサと光起電力形センサ

●バルク半導体の光吸収による電気伝導

光が入射することはエネルギーをもつ粒子、フォトンが入ってくるとみなせます。そのエネルギーを受けて自由電子あるいは正孔が増加するので抵抗が減少します。これが光導電効果です。それを応用した半導体光センサデバイスが光導電セルで、バルクの性質を利用した光センサです。エネルギー制御型センサですから、出力電力を取り出すには外部の電源が必要です。

ここで光とは、可視光のほかに紫外線や赤外線を含みます。材料として硫化カドミウム（CdS）、硫化鉛（PbS）、セレン化カドミウム（CdSe）などが使われます。とくにCdSは光の波長に対する感度特性が人間の視感度特性に近いので、街路灯の自動点滅装置のセンサやカメラの自動露出装置（AE）のセンサとして広く使われます。このセンサの代表的な形状を**図1**に示します。

●pn接合における光起電力効果

前に述べたようにpn接合には空乏層が存在し、電位障壁が形成されます。空乏層ではフォトンにより励起された電子と正孔の対が空乏層の電界により分離され、電子がn領域、正孔がp領域に移動して光による電流を生じます。また、それにより**図2**に示すような起電力が発生します。接合を外部回路で短絡したときは出力電圧が0であるから出力電流が最大になり、外部回路を開放したときは最大の開放電圧が発生します。この効果を光起電力効果と呼び、それを利用したセンサがフォトダイオードやフォトトランジスタです。

光起電力効果によるフォトダイオードは電源から電力を加えなくても出力に電力を生ずるエネルギー変換形センサです。したがって電力を取り出すデバイスとしても使われ、それが太陽電池です。

要点BOX
- ●光導電効果を応用した光導電セル
- ●光起電力効果を利用したフォトダイオードとフォトトランジスタ

図1 光導電形センサ(CdS)

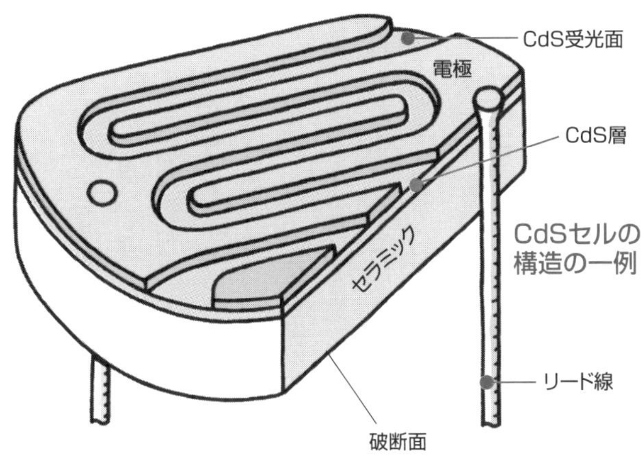

図2 光起電力形センサ(フォトダイオード)の特性

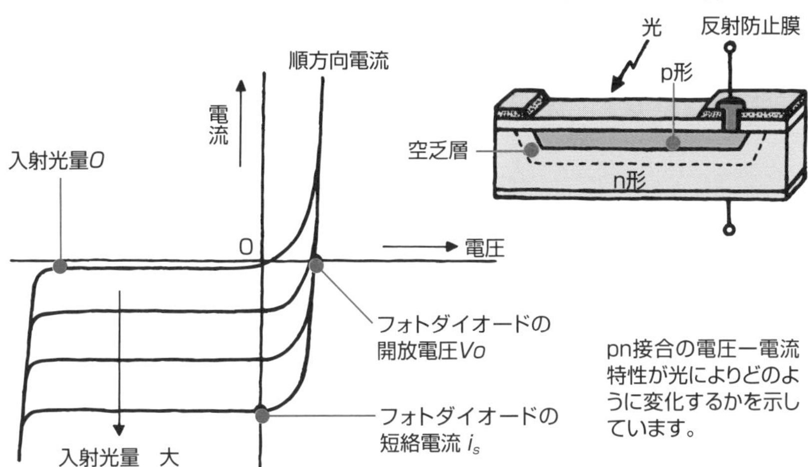

用語解説

開放電圧：出力を開いたときに表れる出力電圧
短絡電流：出力を短絡したときに流れる出力電流

29 半導体イメージセンサ

明るさや色の空間的配置で画像表現

画像は対象を姿形で表現したものです。私たちは家族の人物とか、美しい花といったように対象を直接認識します。物理的には、明るさや色が空間的にどのように配置されているかにより表現されています。したがって、画像のセンサは、半導体光センサを2次元的に配置し、その配置上の光センサの出力信号を取り出すことで画像を電気信号に変換します。レンズなどの光学系で対象の実像をイメージセンサデバイスの上に作り、対象の明るさや色の空間的分布配置を形成します。

光センサにはシリコンのフォトダイオードが使用され、それが2次元に多数配列されます。フォトダイオード1個が画像の最小単位であるので、これを画素といいます。ディジタルカメラ、ビデオカメラでは数百万画素から数千万画素が配列されています。光によって生じた電荷は順次取り出され、画素の位置に応じて時間的に変化する電流となります。

二次元配列のフォトダイオードの出力をX軸、Y軸に沿ってアドレスを指定して読み出すのが、図1(a)のMOS型イメージセンサ方式です。XY座標で指定されたセンサの出力信号を順次読み出すことで、任意の画素の信号を選択できます。図1(b)に示すようにフォトダイオードがMOSFETのソースに接続されて1画素を形成します。水平走査回路と垂直走査回路はいずれもシフトレジスタで、順次選択された画素の出力が出力増幅器に送られます。

イメージセンサでは光を電荷に変える画素と特定の画素を選択する論理回路が共存しますが、両者は機能が異なるので、異なる平面状に積層して配列し、それらを接続してイメージセンサを形成する方式が開発されました。これによりイメージセンサが小型化できるだけでなく、論理回路の機能を拡充してダイナミックレンジを拡大するなど、画質を改善できることになりました。

要点BOX

- ●画素の位置に応じて時間的に変化する電流
- ●イメージセンサでは、電荷の空間的分布を時系列信号として取り出す

図1　MOS形固体イメージセンサ

(a)MOS形固体イメージセンサの基本構成

ディジタルスチールカメラやビデオカメラに使われます。CCDと比較し、特定の画素のデータをアドレスを指定して読み出すことができる特徴があります

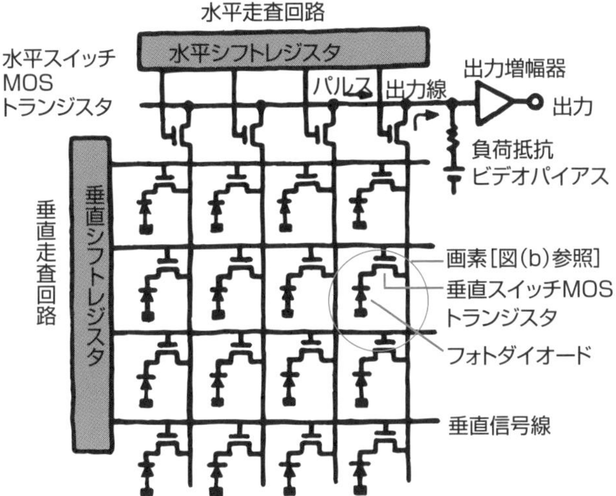

(b)MOS形固体イメージセンサの1画素　図1(a)の1画素を抽出した

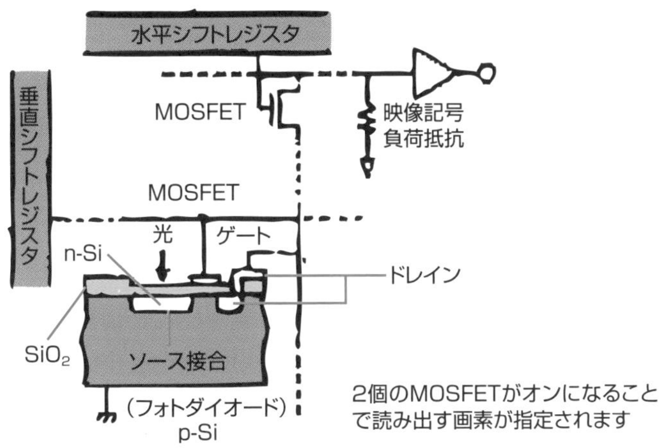

2個のMOSFETがオンになることで読み出す画素が指定されます

用語解説

時系列信号：時間とともに大きさが変化する信号
シフトレジスタ：保持された内容を指定されたビット数だけシフトするレジスタ回路
MOSFET：金属・酸化物・半導体型電界効果トランジスタ

30 磁気と半導体との相互作用と磁気センサ

ホール効果と磁気抵抗効果

半導体内部の電流と磁気との相互作用にはホール効果と磁気抵抗効果があり、磁気センサに使われます。

●ホール効果は電流と磁束密度との両方に比例した電界を生じます。速度Vで運動する電子や正孔は磁界Bによりローレンツ力（$B \times V$）を受けます。磁界と垂直に電界Eが作用すると電子は磁界の影響を受け、図1に示すように運動します。図1（a）は半導体に電界のみが作用する場合、（b）はさらに磁界Bが作用した場合の電子の運動方向を示します。電子は半導体の境界面（上面）に負電荷として蓄積され、他方に不足が生じ、電位分布により生じた電界が電子の運動を抑制して、図1（c）のように平衡状態に達します。このように電流と垂直な方向に生じた電位差がホール起電力で、ホール磁気センサに応用されます。図2に示すように磁束密度をB、電流をi、素子の厚さをdとすると、（1）式に示す電圧eに発生します。R_Hは材料により固有の値を持つホール定数で、厚さdが小さいほど出力が大きいのでInSbやGaAsなどの薄膜が使われます。ホール効果磁気センサは出力が磁束密度に比例するので、磁束計のセンサとして利用されます。

●磁気抵抗効果は加わった磁束密度に応じて抵抗が増加する現象です。ローレンツ力により電子や正孔の径路が長くなるため抵抗が増加し、磁界抵抗効果を生じます。磁気抵抗効果センサの抵抗の増加率は（2）式のように磁束密度のほぼ2乗に比例します。増加率を支配する係数Gはデバイスの形状に大きく依存します。電極が金属で抵抗が低いために電極付近の電界分布がデバイスの形状により異なり、特性が形状に支配されます。電界の偏向は電極の近くで顕著であるため、電極の幅に比べて素子の長さが短かい方が抵抗の変化率は大きくなるのがその理由です。

要点BOX
●ホール効果:電流と磁束密度との両方に比例した電界を生む
●磁気抵抗効果:磁束密度に応じ抵抗が増加

半導体の電流または電子の運動と磁界との相互作用

ホール効果と磁気抵抗効果としてあらわれます

図1(a)磁界B= 0

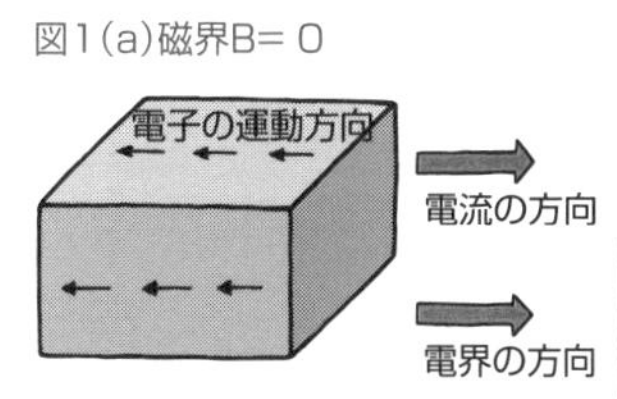

電子の運動(速度v)は電界によるので矢印の方向となり、電流は⇨の方向となります。

図1(b)磁界0→B

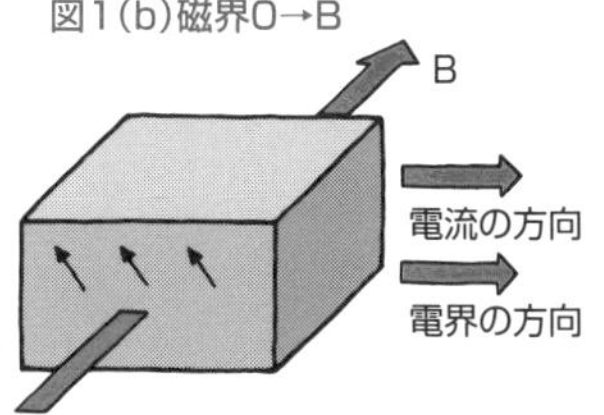

磁界Bを加えるとローレンツ力(B×v)により電流と磁界の両方に垂直に力を受け上方に集まります。

図1(c)磁界B(平衡状態)

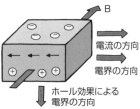

B
電流の方向
電界の方向
ホール効果による電界の方向

上面の電子密度が増加し、下面は低下するので、それによる電界が形成され、電子の運動を抑制して平衡状態となります。

図2　ホール効果デバイス

$$e = R_H \cdot B \cdot i \frac{\sin\phi}{d} \cdots (1)$$

ϕ:電流と磁界となす角

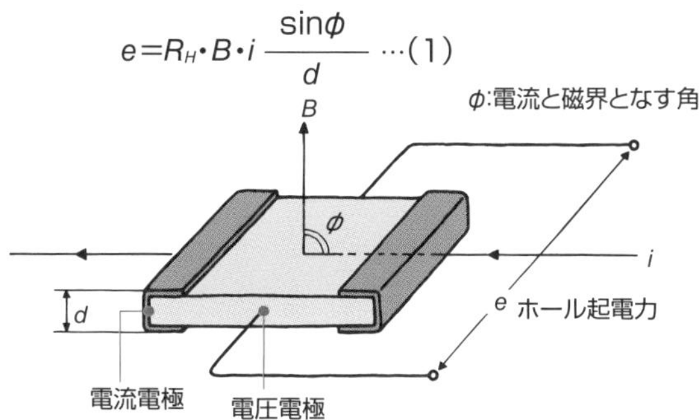

図3　磁気抵抗効果と素子の形状

$$R_B = R_0\ 1 + GB^2 \cdots (2)$$

R_B: 磁束密度Bにおける抵抗
R_0: 磁束密度0における抵抗

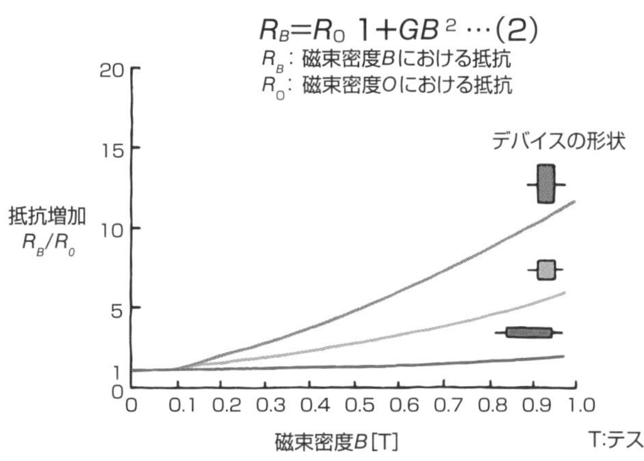

ホール効果と磁気抵抗効果は異なる現象に見えますが、同一の現象に由来し、電子と磁界の相互作用が電流に対してホール効果は横方向に、磁気抵抗効果は縦方向に表れたものです。

31 半導体温度センサ
サーミスタと非接触体温計

電気抵抗が温度で変化
温度上昇で抵抗急減

サーミスタは対象と接触し、同じ温度になることで温度を計測する接触型センサです。半導体の電気抵抗が温度により変化することを利用したエネルギー制御型センサです。電気伝導の機構は半導体の不純物電気伝導で、電子による伝導が主のn形と正孔によるp形があります。

半導体の電導度（比抵抗の逆数）は電子や正孔の数である密度と個々の電子や正孔の動きやすさ（モビリティと呼ぶ）との積で決まります。

電子や正孔の数は温度のみでなく、表面の状態、とくに物質吸着により影響されます。温度センサとしては表面の影響が少ないことが必要です。サーミスタ材料としてはNiO、CoO、MnOなどの金属酸化物を主成分としたもので、安定で表面の影響を受けにくい材料が選ばれます。サーミスタの抵抗は**図1**の（1）式で示され、温度係数は（2）式で示されます。いま、B＝3500K、T＝300K（27℃）とすれば、−3.88%/Kとなります。

高精度温度センサとして使われる純粋の白金線では0.39%/Kですから、僅かの温度変化をほぼ10倍感度高く検出できることがわかります。

サーミスタは半導体ですが、セラミックスでもあるので比抵抗が高く、小型で熱容量が小さいため応答が速く使いやすい温度センサです。表面の影響が小さくても、高温における吸着の影響を除くため、温度センサ用サーミスタはガラス膜を被膜して使う場合もあります。外形の一例を図1の下図に示します。

サーミスタは、電子体温計、冷蔵庫、エアコン、電子毛布、自動車の冷却水温などの身近な所で多数使われています（**図2**）。

要点BOX
- 半導体の伝導度は電子、正孔の数と動きやすさの積で決まる
- 非接触体温計などが身近で使われている

図1　サーミスタの外形と構造

サーミスタの抵抗の温度による変化

$$R=R_0\exp\left[B\left(\frac{1}{T}-\frac{1}{T_0}\right)\right]\cdots(1)$$

ただしRoは基準温度Toにおける抵抗値、

Toは0℃か20℃

$$\text{温度係数}\ \frac{1}{R}\frac{dR}{dT}=-\frac{B}{T^2}\quad\cdots(2)$$

ただしB:サーミスタ定数≒3500K

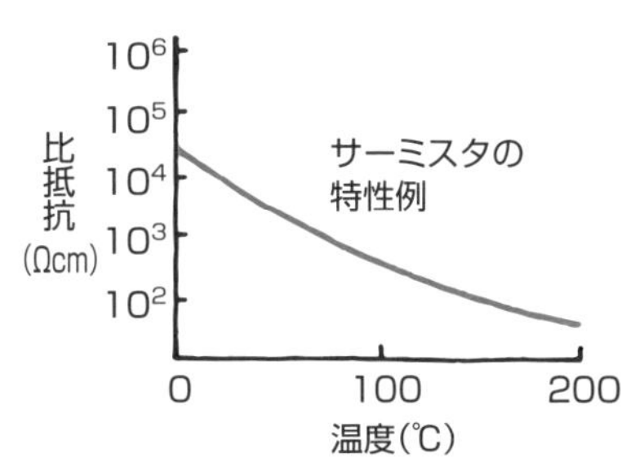

焼結形サーミスタセンサ

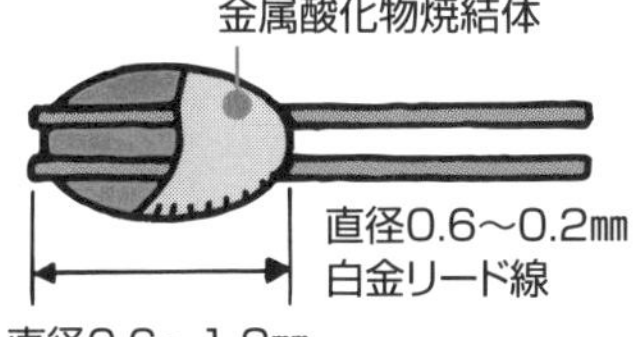

ガラスコーティング形サーミスタセンサ

直径1.5～2.0㎜

ガラス

直径0.3～0.1㎜
デュメット線

図2　用途に応じたサーミスタの形状

(a)ルームエアコン、カーエアコン用センサ

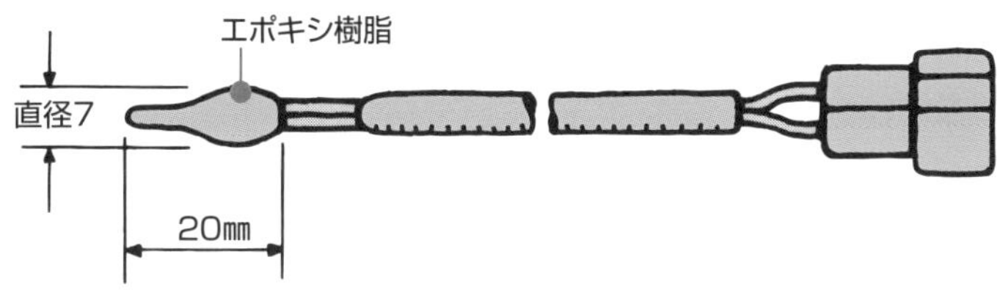

(b)体温計用センサ

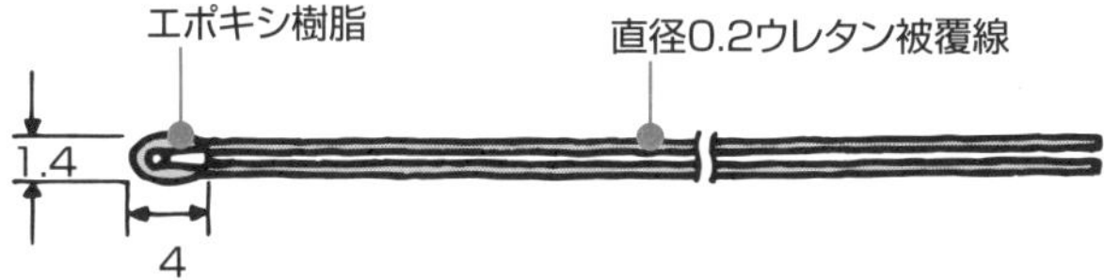

32 ガス漏れを検出するセンサ

半導体の性質を利用してガスを検出

世の中に漏れを検出するためのセンサ技術が広く使われています。本来、安全な場所に存在すべき危険な物質が漏れていることを知らせる技術です。都市ガスの主成分はメタンで、プロパンガスも広く使われていますが、いずれも漏れると爆発する危険性があります。

メタンは無臭なので、人が識別できるような「におい」がつけられています。さらに、多くの家庭にガス漏れセンサが設置され、漏れると警報を出します。

図1に示すガス漏れセンサは酸化スズや酸化亜鉛などから構成され、可燃性ガスを吸着すると半導体表面の電気抵抗が減少する性質を利用したエネルギー制御型センサです。通常は空気中の酸素が半導体表面には吸着され、負のイオンとなり、表面の電子の流れを妨げます。可燃性のガスがあると、吸着された酸素イオンが可燃性ガスと結合して失われ、電流が半導体表面を流れやすくなります。センサの感度と応答速度を上げるために、表面をヒータで常時200～400℃に加熱された状態で使用します。このセンサは酸素と結合しやすいガスであれば、すべて検出します。特にアルコールに対する感度を高めたセンサは飲酒運転者の呼気のアルコール分検出に使われています。なお、都市ガスでは主成分のメタンの密度が空気より小さいため、センサは壁の上部に設置されますが、プロパンガスの場合は空気より密度が大きいので下方に設置されなければなりません。

前項で述べたサーミスタ温度センサも半導体の電気抵抗の温度依存性を利用しています。温度センサでは、半導体表面が周囲の気体を吸着して抵抗が変わると正しく動作しませんから、表面を保護し、ガラスや樹脂でカバーして吸着を遮断します。可燃性ガスセンサでは周囲のガスを吸着することが不可欠ですから、表面を露出し、さらに活性を高めるためにセンサを一定の温度に加熱します。

要点BOX
- ●ガス漏れ検知に可燃性ガスを検出するセンサが使われている
- ●ガスセンサは半導体表面を保護する必要がある

図1　可燃性ガスを検出するセンサ

(a)センサの構造

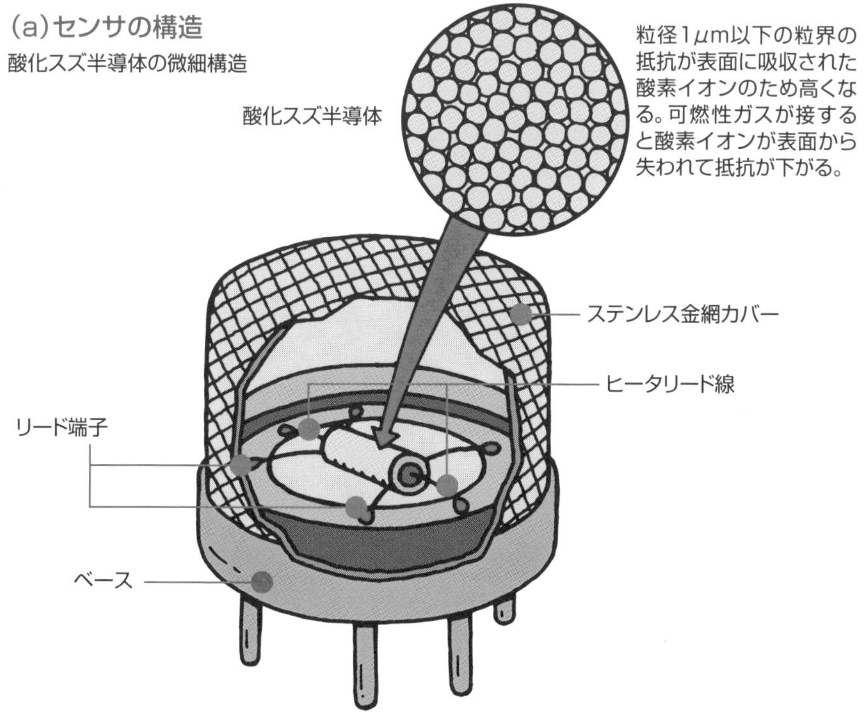

酸化スズ半導体の微細構造
酸化スズ半導体
粒径1μm以下の粒界の抵抗が表面に吸収された酸素イオンのため高くなる。可燃性ガスが接すると酸素イオンが表面から失われて抵抗が下がる。
ステンレス金網カバー
ヒータリード線
リード端子
ベース

(b)測定回路

可燃性ガスが検出されると電流が流れます
ヒータ電流
電流計
酸化スズ(SnO2)

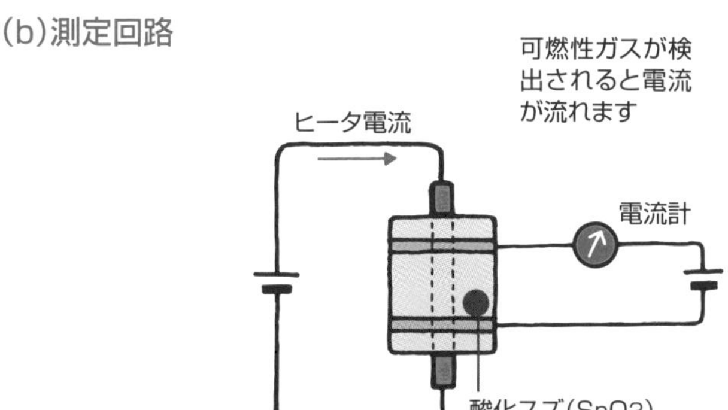

表面はヒータで200～400℃に加熱されています。

第6章　まとめと補足（MEMS技術とセンサ）

この章ではセンサとして利用される半導体物性の基礎を説明し、代表的な半導体センサである光センサ、イメージセンサ、温度センサ、ガスセンサ、磁気センサについて原理と構造を述べました。

ここで半導体センサの生産技術に関して技術革新による大きな変化を述べます。

29項で示したイメージセンサには1000万画素を超えるものが珍しくありません。二次元に配列されたフォトダイオードの電荷を正しく読みだす仕組みも複雑ですが、センサを大量生産するには高度な超微細加工技術が不可欠です。高性能のマイコンや大容量のメモリを生産するのは先端的半導体加工技術で、精密な印刷技術を利用したプロセス技術です。

回路パターンを設計しマスクパターンとします。半導体表面にフォトレジストを塗布した後、マスクパターンを通して半導体表面に露光します。露光後エッチングを行うと化学反応で露光された部分のレジストが溶け去ります。マスクにより選択された箇所のみの加工が可能となり、エッチングやn型やp型の不純物の拡散、金属めっきなどの加工を行います。この操作を多数回繰り返すことで半導体表面にトランジスタ、ダイオード、抵抗、コンデンサなどの部品と回路パターンを構成し、集積回路（IC）ができます。

この選択的加工技術にエッチングの結晶軸異方性などを組み合わせると、三次元的形状を形成する加工が可能です。これがマイクロマシニングと呼ばれる技術です。

印刷技術から発展したため、超小型の精密なセンサデバイスやセンサ周辺回路の大量生産が可能です。高性能のセンサが量産できる技術で、マイクロ・エレクトロ・メカニカル・システム（MEMS）と呼ばれます。

MEMSの生産には高度で大規模な生産プロセスが必要となるため、センサデバイスの開発組織と生産の組織とが分離され、生産体制の改革が起きて、それがセンサ・イノベーションを実現しました。

シリコン基板の表面と内部にMEMS技術で形式される圧力センサ

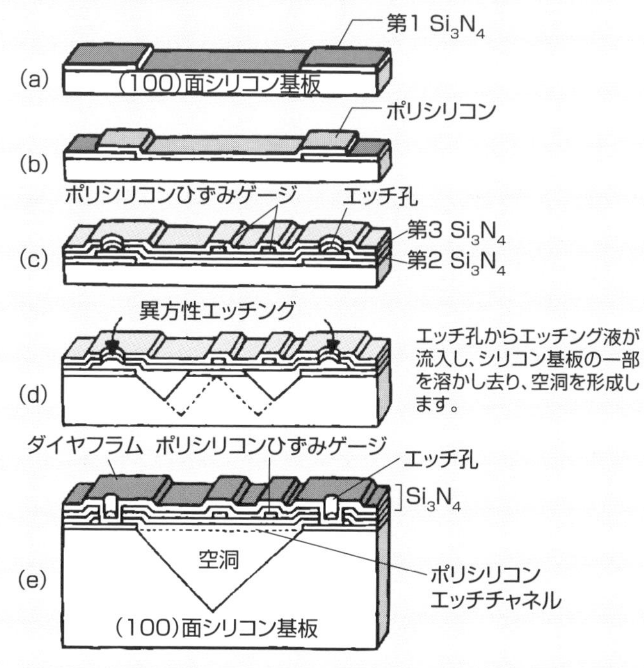

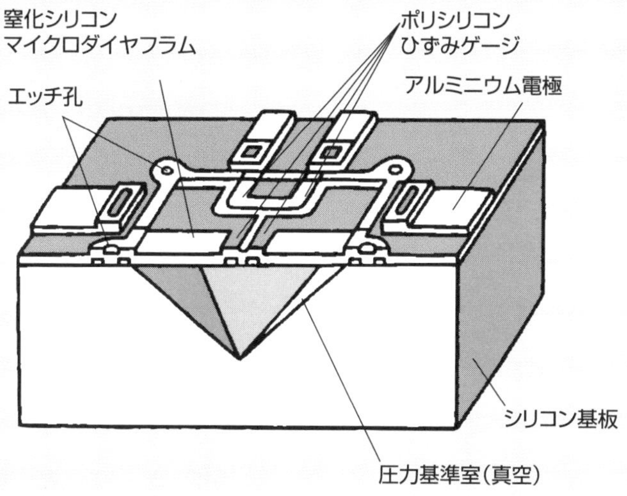

Column

信号とノイズ

1930年頃無線通信の妨げとなる空電ノイズを研究していたカール・ジャンスキーはノイズ電波の中に23時間56分の周期で変化する成分があることに気づきました。もしノイズ電波が太陽からくるのであればちょうど24時間の周期を持つべきです。4分の差は、その電波が太陽以外から到着している事実を示唆する特徴でした。それがきっかけで電波天文学と呼ばれる新しい天文学が開拓されました。1日の内4分の差が意味する対象の本質を洞察した見事な発見でした。

電波天文学の研究者にとって、最大の障害となるノイズは地上の通信や放送の電波となりました。

何が信号で、何がノイズかは、関心を持つ対象で決まります。信号とノイズは単に対立する存在ではなく、お互いに補完する存在です。

例えば、センサの信号が消えてしまったとき、センシングシステムのどこに原因があるかを教えてくれる貴重な情報を持つのはノイズです。

第7章
自動化生産システムのセンサの役割

自動化生産システムはプロセスオートメーションと
ディスクリートオートメーションに大別されます。
それぞれ異なるセンサが自動化した生産を支えています。

33 プロセスオートメーションのセンサ

エネルギー収支と物質収支を管理する

プロセスとは、素材を製造する重化学工業やエネルギー産業のように、24時間連続的、自動的に動作して、エネルギーや製品を生産する設備です。プロセスの運転が安定であるためには、原料、製品としての物質の出入りと燃料や熱量あるいはエネルギーの出入りのバランスが保たれなければなりません。これを物質収支およびエネルギー収支といいます。

プロセスでは、これらの収支がセンサで監視されています。物質収支については、原料および製品が固体、液体、気体の形で出入りします。出て行く物質については、製品はもちろんのこと、副産物から排ガス、廃液までを含めて考慮します。エネルギーについても、入ってくるのは燃料が持つ化学エネルギーや熱源として供給される蒸気の熱エネルギー、出て行くエネルギーとしては発生された電力、製品が持つ化学エネルギー、さらに、排ガスや冷却水に放出される廃熱を含めて収支が勘定されます。

物質収支を管理するセンサとしては、成分を監視する化学センサ、出入の量を計測する流量センサが特に重要です。

エネルギー収支を管理するセンサとして、温度センサと流量センサとが挙げられます。成分がわかれば、温度と流量で熱量の出入りが把握できるからです。

プロセスでは、物質の出入りが連続的で、管路を流れる液体や気体の形で行われるため、液体や気体の流量センサが物質収支とエネルギー収支の両方に関係します。したがって、流量センサはプロセスを管理する上で特に重要です。

プロセスを自動的かつ効率的に運転するために、操業条件を計測して自動的に目標値に制御するためのセンサとして温度、圧力、液位センサ、化学成分センサなども使われます。プラント内に広く分散配置されたセンサの情報を効率的かつ経済的に収集する有線と無線の伝送システムが増加しています。

要点BOX

- ●成分監視の化学センサと入出量を計る流量センサ
- ●エネルギー収支を管理する温度・流量センサ

物質収支とエネルギー収支

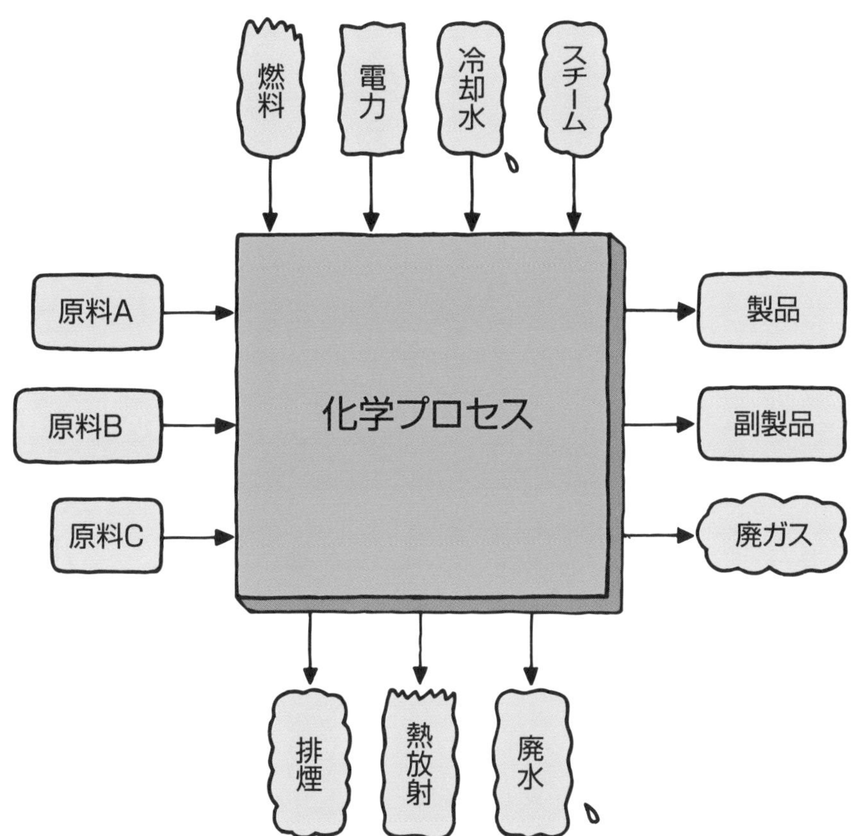

プロセスが平衡状態では、物質の出入の差が0、エネルギーの出入の差が0になります。

プロセスオートメーションは物質収支、エネルギー収支が平衡していて、最大の効率で生産が行われるように物質やエネルギーの流れと操作の条件量が自動的に計測・制御されます。

プロセスは24時間休みなしに運転されることが多く、プロセスに設置されるセンサは、厳しい条件に耐えて故障なく動作しなければなりません。

34 プロセス計測用流量センサ

物質収支とエネルギー収支に関係

前頁に述べたように、流量の計測はプロセスの自動運転において物質収支とエネルギー収支の両方に関係するので、流量の計測と制御が重要です。ここで使用される流量センサの原理と構造を示します。

最も多く使われるのは、しぼり流量センサと呼ばれるもので、図1に示すように管路内の流れを絞り、絞りの前後の圧力差が流速あるいは流量の二乗に比例する性質、いわゆるベルヌーイの定理と呼ばれる流体の性質(エネルギー保存)を利用しています。

同じく流体の性質を使った流量センサとして、渦流量計と呼ばれるものがあります。流れの中に角柱をその流れに垂直におくと、その下流に渦が規則正しく図2のように放出され、カルマン渦と呼ばれる渦列を作り、下流が振動します。渦の放出周波数は流速に比例し、渦を放出する角柱は流れに垂直にその周波数の振動力を受けます。その力を電圧に変えると、その周波数から流速が求められます。この2種類の流量センサは、気体と液体の両方の流れが計測できます。

30項において、磁界の中を動く電子や正孔にローレンツ力が働き電界が形成されることを述べました。伝導性液体の流れが磁界を横切って流れると、流れに垂直方向に電界が生じ、管路壁に取り付けた電極により流速に比例する電位差として取り出せます。その構造を示したのが図3で、電磁流量計と呼ばれる流速センサです。対象は水などの伝導性の液体に限られますが、流れを妨げないので広く使われています。超音波を使う流速センサもあります。図4のように流れに乗って伝播する超音波と、流れに逆らって伝播する超音波の伝播時間の差から流速を求めるものです。主として液体の流速計測に利用されます。これらのセンサはプロセスの運転条件により高い温度、高い圧力などの厳しい環境条件に連続的に耐えなければなりません。

要点BOX

- ●最も多く使用される「しぼり流量センサ」
- ●流れの性質を使う「渦流量計」
- ●磁界、超音波を使うものもある

図1 しぼり流量計の原理

ベルヌーイの定理

$$\frac{1}{2}\rho v_1^2+P_1=\frac{1}{2}\rho v_2^2+P_2 \cdots(1)$$

流体の連続性

$$流量Q=S_1v_1=S_2v_2\cdots(2)$$

上の(1)(2)式より

$$Q=S_1v_1=S_2\sqrt{\frac{2(P_1-P_2)}{\rho\left[1-\left(\frac{S_2}{S_1}\right)^2\right]}}\cdots(3)$$

流体の密度:ρ

断面1における流れ断面積、圧力、流速 S_1, P_1, v_1

断面2における断面積、圧力、流速 S_2, P_2, v_2

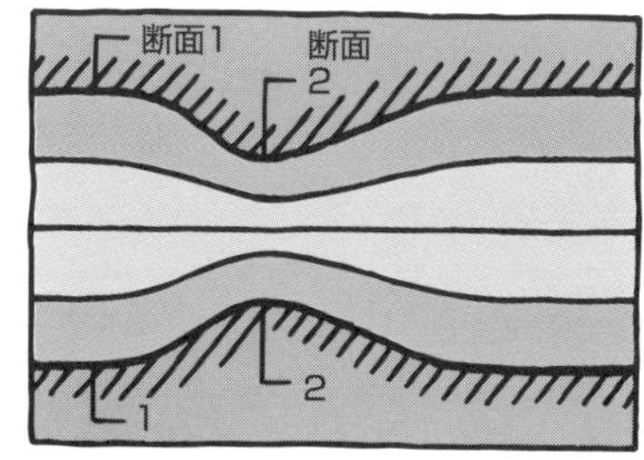

図2 流れの中の角柱の後流に規則的に放出される渦

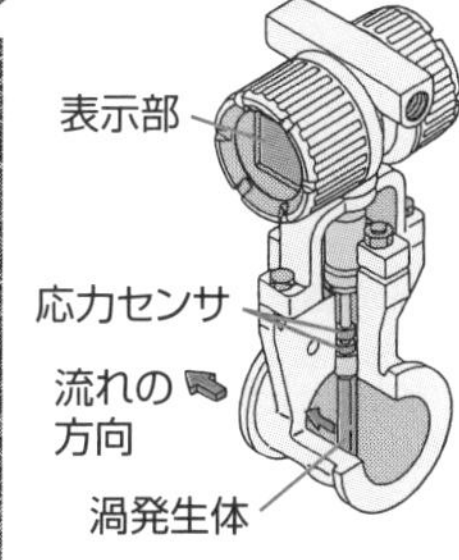

渦流量計の構造
（横河電機による）

図3 ローレンツ力による流速計測の原理図

v:流速　b:磁界
e:ローレンツ力による電界

e
e
v
b
P
Q
磁石
流れ v

P.Qの電極から流速に比例する起電力eを取り出します

図4 超音波流速センサ

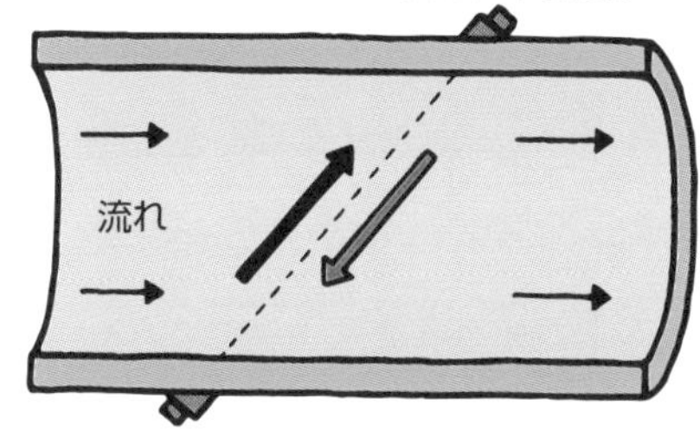

管壁の外から超音波を送受して2方向の伝播時間の差から流速を求めます。

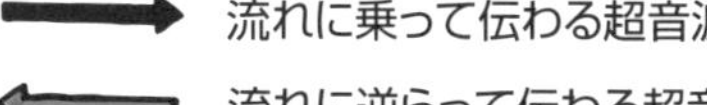

35 ディスクリートオートメーションセンサ

対象の有無を検出するセンサ

●対象の有無を検出するセンサ

ディスクリートオートメーションでは、生産される物が連続的に管路を流れてくるのではなく、自動車や電子機器のようにベルトコンベアなどで移動して加工をする人間やロボットの前に現れます。センサとしてはまず、加工すべき対象が加工システムの前に存在するか、それが加工すべき正しい対象か、それらを確認してから加工を自動的に開始できるかどうかの判断をします。

対象の検出にはいろいろな手法が利用されます。

光の透過や反射を応用したセンサはフォトインタラプタと呼ばれ、図のような構造をしています。すなわち、発光素子と受光素子とを組み合わせて対象となる物体の有無や位置を検出します。図のように透過型と反射型とがあります。インタラプトは遮るという意味ですから、透過型にしかあてはまりませんが、反射型にも使われます。図のように光源となる発光素子と受光素子とが一体になっています。発光素子には発光ダイオード（LED）、受光素子にはフォトダイオードや、出力が大きく取れるフォトトランジスタが使われます。光の代わりに超音波や磁気も使用されますが、磁気の場合は対象が金属や磁性体であることが必要です。

自動化システムにおいては、本来あるべきものがないことを検知して知らせるセンサがあります。

複写機やプリンタなどでは、用紙がなくなると紙がないことを光などで検出して表示します。

いずれも、対象に非接触で対象の有無や位置が検出できることが特徴です。したがって、光のほかにも磁気や超音波など、非接触で検出できるセンサ技術が特徴を生かして使い分けられます。

センサにより対象の有無だけでなく、個数や枚数を数えます。また、容器が液体で充たされているかも検出されます。

要点BOX
- ●光の透過や反射を使う
- ●発光ダイオードとフォトトランジスタ
- ●対象は非接触で検出

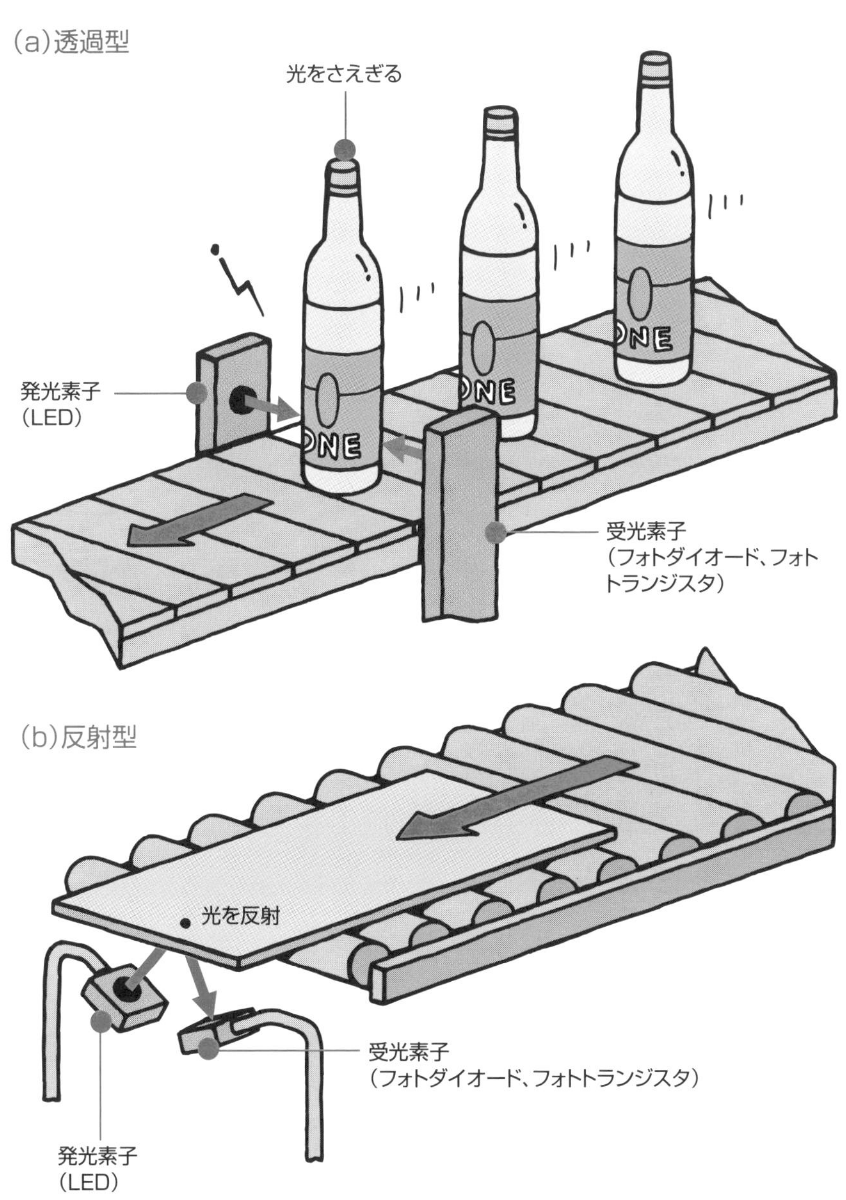
フォトインタラプタの基本構成
(a)透過型
光をさえぎる
発光素子
(LED)
受光素子
(フォトダイオード、フォト
トランジスタ)
(b)反射型
光を反射
受光素子
(フォトダイオード、フォトトランジスタ)
発光素子
(LED)

36 センサで対象のタグ情報を検知する

タグ情報を読み取る非接触センサ

●加工内容を認識するセンサ

対象の形や姿勢、方向などを調べ、対象が正しい位置にあるかどうかを判定するときには、画像センサが使われ、標準の画像と比較されて判定されます。

対象によっては、画像では正しいかどうかの判別が、困難な場合があります。自動車の生産ラインで、車内の装備などに多数のバリエーションがある場合です。最近では使用者の要求が多様化したため、その種類が増えて、一つの生産ラインで多数の車種を混合生産をする例が増えました。

この場合には、多様な装備の仕様を書き込んだデータ・キャリアと呼ばれるタグを車に取り付け、その内容をセンサと人が読み取ります。ショッピングセンタで、商品の品目や価格などをタグで認識するのと同様です。ただし、そのタグの書き込みは無線を使い、タグと非接触で実行されます。また、タグは加工される車体とともに移動するので、溶接や塗装などの厳しい環境に耐えるものでなくてはなりません。

図1では、ボデーの溶接行程、図2では塗装工程の例を示しました。

多種類の生産を共通の生産ラインでフレキシブルに実行するときは、行うべき加工が、そのタグに書き込まれ、ロボットあるいは人間が読みとり、指定された加工を実行します。やるべき作業の情報が、加工の対象とともにベルトにのってやってくると同時に組み付ける部品も自動的に届くような生産が行われます。もちろん、タグには機械が読み取りやすい2値コードのような符号で情報が書き込まれています。

多様な組み付け用部品は、加工対象が到着する前に作業現場に自動搬送車というロボットで運ばれます。搬送車のコースは設定されていて、車はそのコースをセンサで検出しつつ動きますが、他の車や人間との衝突を回避するために、超音波や光センサで障害物を検知しながら運行します。

要点BOX
●データキャリアというタグをセンサで読み込む
●タグには対象の仕様を2値コードで記載する

図1　自動車溶接工場の無人化システム

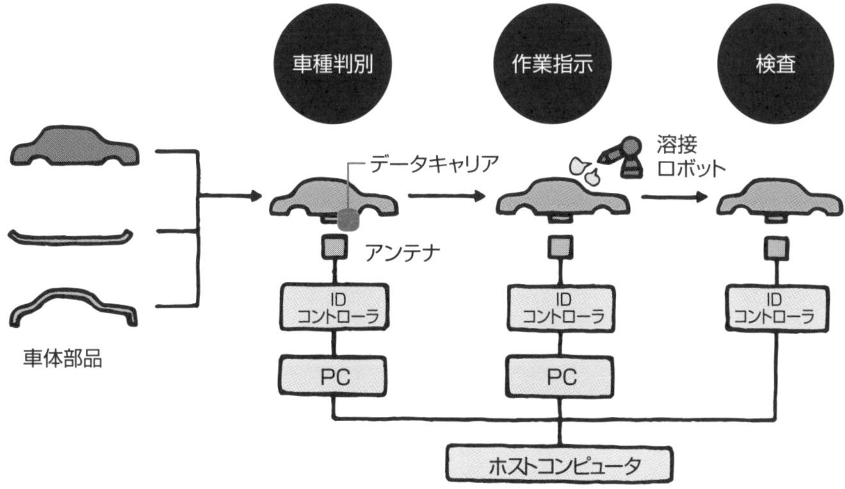

図2　自動化された塗装ライン

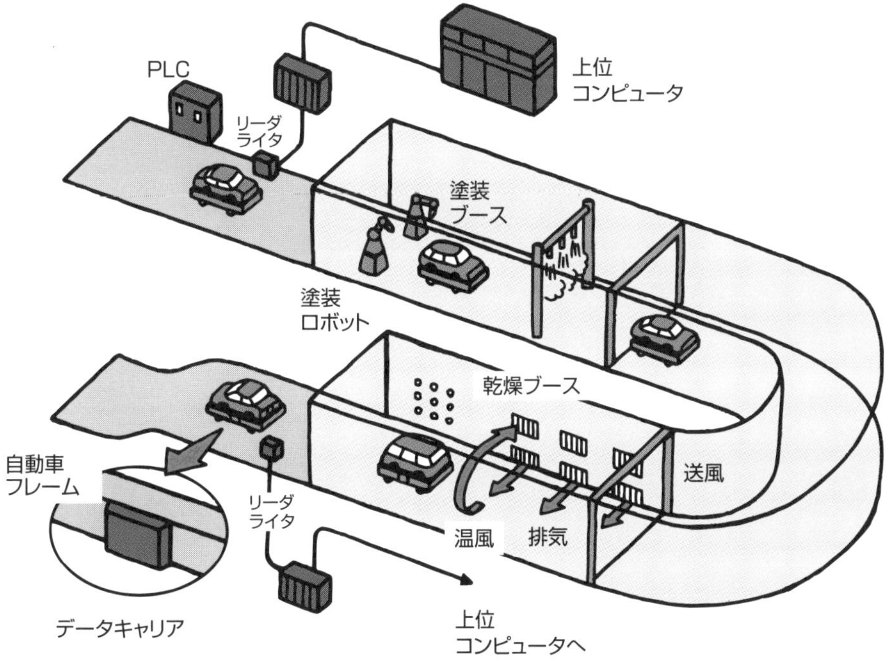

PLC
リーダ
ライタ
上位
コンピュータ
塗装
ブース
塗装
ロボット
乾燥ブース
自動車
フレーム
リーダ
ライタ
送風
温風
排気
データキャリア
上位
コンピュータへ

用語解説

リーダライター：無線でデータキャリアにデータを書き込み、またデータを読み取るセンサです。

37 ロボットのセンサ

ロボットをかしこくする外界センサと器用にする内界センサ

ロボットにはいろいろなセンサがつけられますが、外界センサと内界センサとに区別されます。

外界センサは外界であるロボットの外部環境の状態を把握し、行動を計画決定するセンシング・システムです。対象の認識や、障害物の検知など視覚センサなどで行います。

内界センサはロボットの内部状態(腕の位置や角度、加わるトルク、角速度など)を計測し、作業の操作を制御するためのセンシング・システムです。ここでは、代表的な内界センサである角度センサと力センサについて述べます。

角度センサは360度を等分割した単位角度の周期構造を持ちます。角度の計測はその周期構造の数を数えることで実行します。周期構造は物差しの目盛りの数を数えるのと同様です。人の目で数えるのではなく、機械が数えるので、1と0の二値構造が使用されます。例えば、周期的な凹凸や光の透過率や反射率の周期的な変化、磁界の周期的な変化などが使われます。また、周期の時間的変化から角速度が求められます。

力センサやトルクセンサは弾性体に力やトルクを加えたときの変位や角変位を電気量に変換することで電気的に計測されます。これには、変位や角変位を抵抗やインピーダンスの変化とし、それに外部の電源から電流や電圧を加えたときの電流や電圧の変化として取り出すエネルギー制御型センサが使われます。力を抵抗に変化するものとしては、ひずみゲージ(ストレインゲージ)があります。また、力をひずみに変換する弾性体とひずみゲージを組み合わせたものをロードセルと呼びます。抵抗の代わりに電気容量の変化やインダクタンスの変化に変えるものも使われます。

力センサやトルクセンサを使うと、微妙な力加減が可能となり、仕事を器用にこなすことができます。

要点BOX

- ●外界センサは対象の認識、障害物の検知
- ●角度計測は周期構造の数を数える
- ●力やトルクは弾性体とひずみを電気的に計測

図1　ロータリーエンコーダ(絶対値形)

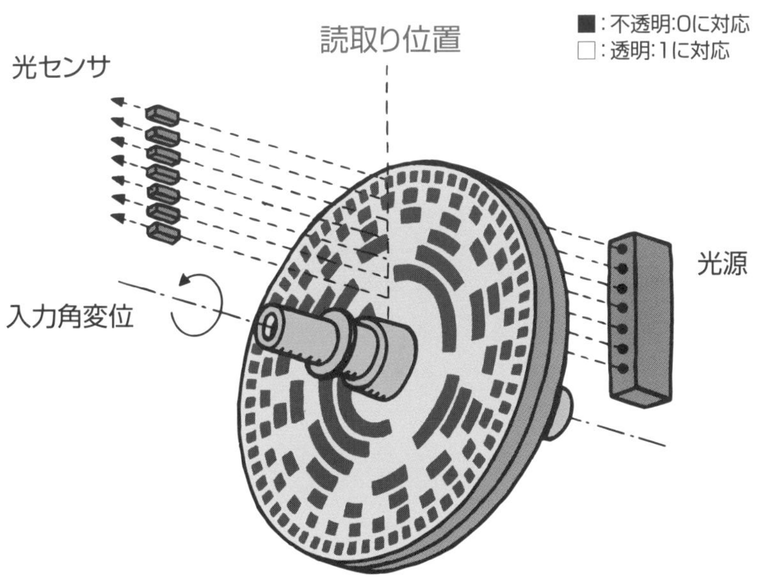

図2　金属ストレインゲージの接着法(圧縮応力トルクの計測)

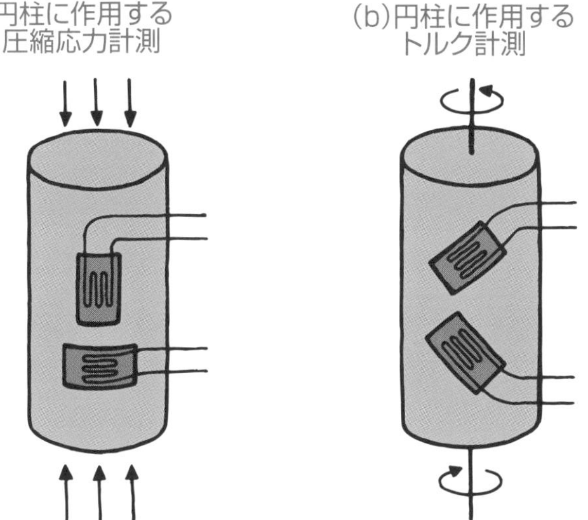

ひずみゲージは金属線のひずみによる伸びを抵抗変化に変換する

38 協調ロボットと人間の共同作業

センサで人との接触を検知

ロボット導入の初期において、人間の雇用がロボットに奪われるのではないかとの問題が心配されました。導入反対運動が起きた国もありました。

その後、モノづくり現場をはじめとして、世界の先進国でロボットが定着し、そこでは深刻な雇用問題は起きませんでした。しかし、初期のロボットが暴走して、人間を傷つける事故が起きました。その結果、ロボットと人の作業領域を隔離し、ロボットの電源を切らないと人がロボットに近づけないような規制ができました。

ロボットは持久力はあるが不器用、人間は非力で持久力もないが器用で融通がきく。このような人間とロボットとの特性の相違を相補的に補完するような協力作業ができるように、ロボットの信頼性を改善し、人との隔離をなくして協調作業ができるような、協調ロボットが開発されました。

協調ロボットでは、人間との接触を検知する触覚センサを多数取り付けて人の安全を優先し、共同作業者の意志がロボットに反映しやすくなっています。

重い部品を指定された場所に正確に取り付けるような作業において、協調ロボットが部品を保持し、人が取り付けに専念できるようになり、人の負担が大幅に減っています。

例えば、自動車組み立て工場において、バンパーやスペアタイヤ、バッテリなどを取り付ける作業です。これからのモノづくりの世界で、協調ロボットの役割は、さらに増えるに違いありません。

要点BOX

- ●ロボットとの協調作業実現には、人との接触を検知するセンサ類が不可欠
- ●工場などで協調ロボットの役割が増えている

従来は安全柵や非常停止ボタンなどで人とロボットの接触をさけていた

多数のセンサによりロボットとの協調作業を実現

多数のセンサで
人との距離を検知して
安全を確保できる
協調ロボット

第7章 まとめと補足

工業生産を支えている自動化システムで使用されるセンサを紹介しました。ここでは使われるセンサの信頼性が最も重視されます。なぜならば、自動化の目的は人間が本来実行していた仕事を機械に代行させることだからです。もし、センサの故障で自動化システムが止まり、センサの修理や監視に人が振り回されるのであれば、自動化の意味が失われてしまいます。

❶プロセスオートメーションでは物質とエネルギーの出入りが多様なセンサにより監視されます。その中でも、物質収支とエネルギー収支に関わる流量センサが特に多数使われ、重要な役割を果たします。プロセス用センサはほとんど24時間連続で使用され、高温高圧など厳しい条件に耐える信頼性が要求されます。

❷ディスクリートオートメーションでは、多品種の部品組み付け作業や溶接、塗装などの作業を、ロボットがフレキシブルに実行するため、ロボットの前に加工対象が作業情報をタグに持って現れるのをロボットが認識して自動的に作業が進められます。

❸ディスクリートオートメーションにおいて対象の有無や対象の正否、位置方向などが正常であるかどうか、人が視覚で確認することを、機械では最も適した原理のセンサにより認識します。

❹ロボットは外界センサが優れているほど状況に対する融通性が高くなり、内界センサが優れているほど器用な仕事ができます。両方が充実し、その情報を受け取るセンシング・インテリジェンスの能力が高いほど、賢いインテリジェントロボットになります。

❺人とロボットとが協調して共同でモノづくりを行う協調ロボットが実現しました。不器用なロボットを器用な人間が助け、人の持久力の不足を、忠実なロボットが重量物を持ち続けることなどで助ける。このような人間と機械との新しい協力関係が生まれつつあります。

自動化生産システムにおけるセンサの課題

プロセス・オートメーション

生産効率を上げるため

●24時間連続運転
●運転条件の高温高圧化

センサの動作条件の過酷化

センサの高信頼性の要請

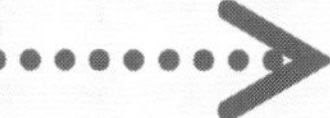

センサ情報の無線伝送広域管理の増加

ディスクリート・オートメーション

生産設備の効率をあげ、
多様化のニーズに対応するため

●3K作業のロボット化
●生産ラインにおける多品種生産

ロボットの多機能化、知能化

ロボットセンサの対象認識能力

情報技術活用によるフレキシブル化

協調ロボットと人との協調作業

Column

センサの信頼性と冗長システム

計測制御システムのすべてのデバイスや機器は高い信頼度を要求されます。もし、センサの情報が狂っていたら、後のシステム機器のコンピュータやアクチュエータなどがすべて正しく動作しても誤った結果しか得られません。厳しい環境条件で動作する上に故障なしで長時間動作するセンサを開発生産するのは容易ではありません。

その対策は多重化です。二重化しても、二つのセンサから異なる出力信号が送られてきたら、どちらを信用するか判断できません。

この問題を解決するには、センサを3個使用し、もし、1個のセンサの信号がほかの2個の信号と異なる場合にはセンサの故障と判断します。もし、2個のセンサがともに異常な値を出力したときには、センサは正常で、検出対象が異常と判断して対処します。この多重化方式を「2 out of 3」と呼びます。その判断の根拠は多数決論理で、原子力発電所や旅客機の計器などに使用されます。

コストの関係で多重化が困難な用途は滅多に起きない異常の検出です。異常状態の対応動作が決まっているので対応処理の信号変換に非可逆反応が利用されます。車のエアバッグのインフレータ着火による膨張やスプリンクラーの温度フューズの溶解などです。

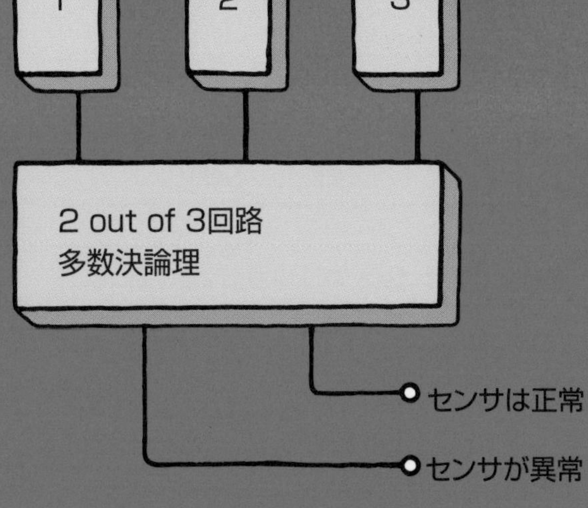

健康を見守るセンサ技術

人の健康を守り維持する医療分野で
使われているセンサ技術を紹介します。
この分野はセンシング技術の中でも
進歩や変化の速い分野です。

39 医療用センサの課題：非侵襲性

体の外から内部の情報を集める

医療に使われるセンサには、ほかのセンサとは異なる制約や課題があります。それは人間の体を対象とするからです。

まず、非侵襲性です。人間に苦痛を与えてはなりません。体内にセンサを入れるのは通常苦痛を伴うし、また、センサによる菌の感染がありえます。したがって、体外から内部の情報を集めるセンサ技術が必要です。

また、人間に関する生体情報の問題点は、これまで述べた物理情報や化学情報と異なり、一つの物理量で記述できない複合量である場合や、数値で表せない状態があることです。さらに血圧や脈拍のように、物理量で表現できても一人一人の個人差が大きいことも特徴です。病気は複合的な状態で、個人差が大きい情報をもとにして診断しなければならないので、対象を画像情報として形状の変化を診断に活用します。特に約100年前のX線の発見は医療のセンシング技術の革命となりました。その後、X線のほか、磁界、超音波などの透過や反射の情報を体の外部で集めて、そこから得られた断層像は第2の医療の革新を実現しました。

人体にはいくつかの開口部があり、内部に連なる管路部分を伝わってセンサが進入できれば、管路の内側を直接観察できるはずです。断層像とは全く異なるやり方で、超小型の視覚センサを内部に進入させる内視鏡の技術が急激に進歩し、患者の負担を減らしつつ直接の観察ができるようになりました。

血液は体内を循環するため、病態に関する情報を持っています。採血により採取した血液は多数の成分センサを持つ分析システムで分析され、結果が医師に提供されます。分析システムにはイオンセンサやバイオセンサが使用されます。一方、病院ではなく、日常の健康状態を知るためのセンサを使った体温計、血圧計や血糖計なども家庭に普及しました。

要点BOX
- ●病気の診断には画像情報が役立つ
- ●遺伝子配列のセンシングにより得られた情報で個人の体質に合わせた医療が期待される

医療用センサの課題

1.非侵襲性
体外で収集したセンサの情報から体内の状況を探る

3.個体差が大きい
数値の基準確立が困難
画像情報が重要

5.内視鏡
技術の進歩が確実
見ることに加えて試料の採取も

2.生体情報は複合量
モデル構築が困難
数値で記述しにくい

4.トモグラフィ技術が重要
1.2.3.の課題をクリア

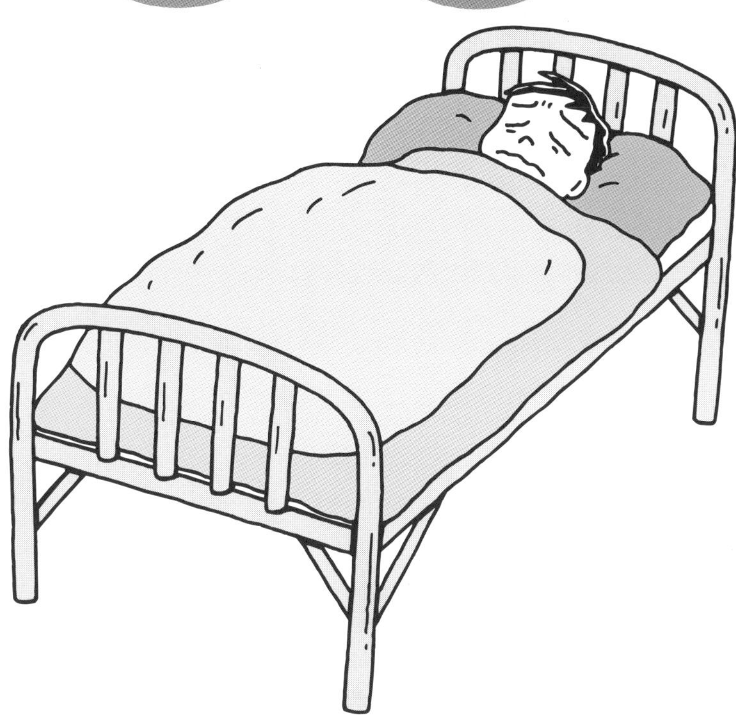

40 トモグラフィセンシングシステム

周辺情報集め断面の状態を可視化

人体の周辺情報を集めて、内部の状態をコンピュータで再構成し、断層像で可視化するセンシング技術をトモグラフィと呼びます。

●X線CT

CT技術が現れるまで使われていたX線画像の方法は、線源のX線管から放射され、人体を透過するX線をフィルムか蛍光板で可視画像とするやり方で、いわばX線による影絵でした。骨と内臓が重なって撮影され、奥行きに関する情報は得られませんでした。

X線CTは図1のようにX線源とX線センサとを一体にしたまま人体の周りを回転しつつX線の透過情報を集め、コンピュータ内に蓄えて処理し断層像を構成するシステムです。

この技術のおかげで脳内出血などの手術が的確にできるようになり、医療の進歩に大きく貢献しました。技術の創始者はノーベル賞を受けています。

●MRI：3次元トモグラフィ

ヒトの体の大部分は水です。核磁気共鳴現象とは、水の中の水素原子核が磁界の中で特定の高周波を吸収する現象です。一様な強さの磁界の中で、強さに傾斜をつけた磁界を重ねて共鳴吸収の強さを調べると、共鳴吸収が発生する場所が限定され、水素の濃度とその結合状態の分布が求められます。

この手法では、人体の水平方向の切り口に関する断層像だけはでなく、図2のように垂直方向の断層像を構成することができます。このセンシング技術は、脳の機能や腫瘍の診断に使われ、脳のどの部分に問題があるかを知ることができます。

MRIは人体に強い直流磁界をかけますが、体に悪影響はないといわれています。

要点BOX

- ●X線CTはX線の透過情報をコンピュータ処理
- ●MRIは水素原子核が磁界の中で特定の周波数の高周波を吸収する現象を使う

図1 X線CTの原理

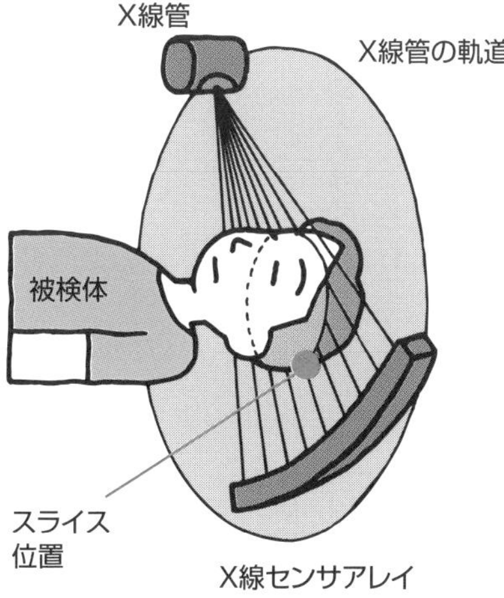

図2 MRIによる人体頭部の断層像

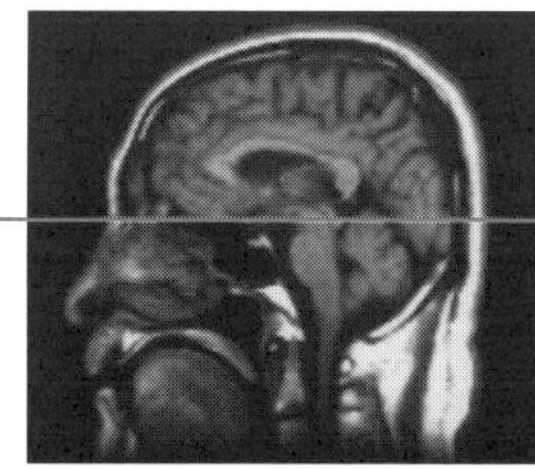

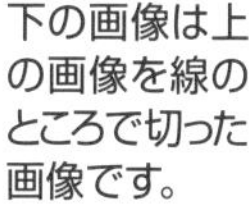

下の画像は上
の画像を線の
ところで切った
画像です。

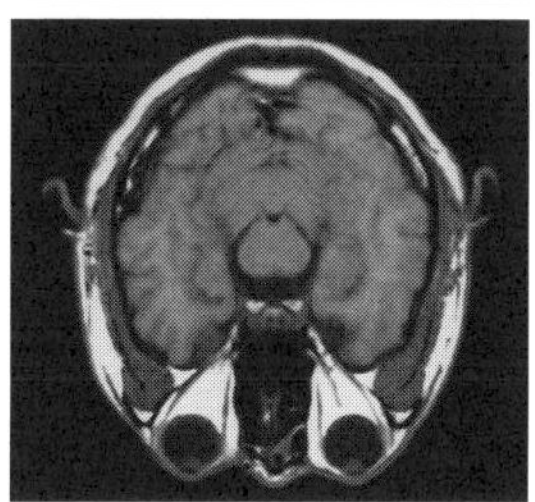

図3 MRI装置の構成

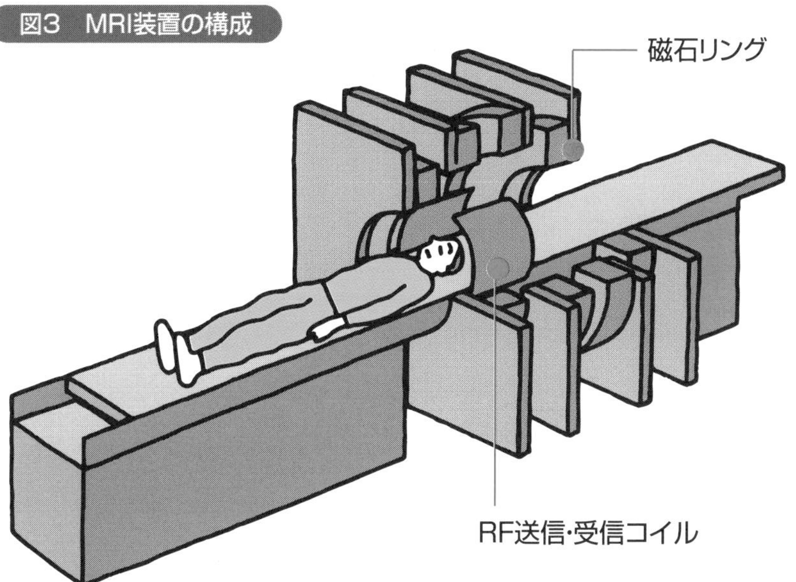

用語解説

CT：コンピュータトモグラフィの略。奥行きのある体の断面図を作り出します。

MRI：Magnetic Resonance Imagingの略で、核磁気共鳴状態の分布を画像化する技術です。

41 超音波エコーイメージング

硬い組織で強く反射するので、結石やポリープの発見に便利

超音波を体の中に送波すると、やわらかい組織ではエネルギーが吸収されますが、骨のような硬い組織では一部が反射されます。組織の硬さにより反射が異なるので、反射波を受けて、それがどこからの反射であるかを求めれば、体の外から内部の状況を知ることができます。道路の上から路面に向けて超音波を送波し、路面あるいは走行中の車からの反射をとらえて交通量を求める技術があります。センサにより、対象に非接触で交通の流れを妨げずに車の量を計れる技術です。同様に、医療の世界では、人体の内部にセンサを持ち込まず、また、人体内部の臓器の活動に影響を与えずに、臓器の状況を体外からわかる超音波の性質が活用されます。

この技術は、腎臓や胆のうの内部にできる結石を見つけるのに非常に有効です。それだけでなく、活動している心臓の状況や胎内の胎児を画像化することもできます。

超音波は光より伝搬速度が遅いので、送波と受波とを一つの電気音響変換器で実現します。

エコーが何処からどのような強さで返ってくるかを画像化するには、光による映像と同様に超音波のエネルギーを1箇所に集める技術が必要ですが、小さな超音波の送波受波器を多数並べ、それぞれに位相が図のように異なる波を与えると、送波受波器から離れた1点でエネルギーを集められます。これを焦点といいます。各送受波器に与える位相遅れを変化させると、任意の場所に焦点を結ばせることができます。また、逆に焦点の位置から反射した波は、すべての受波器の出力で位相の揃った強い信号となります。このように送受波器の位置や形状を変えずに焦点を移動する技術を電子フォーカスといいます。また、送受波器を体の表面に固定したまま、位相を変化させ、超音波の方向や焦点を動かす手法を電子走査と呼びます。

要点BOX

●送波と受波を一つの電気音響変換器で実現
●位相遅れの変化で任意に焦点の位置や方向を変化させる

図1　超音波センサアレイの例(医用超音波映像装置用)

音響レンズ:凸レンズとして作用し、アレイ配列と垂直方向に超音波を集束します
マッチング層:素子と人体とのインピーダンスを整合します
送受波器振動子素子:アレイ状に配列されています
バッキング材:後側に放射される超音波を吸収します
ケーブル

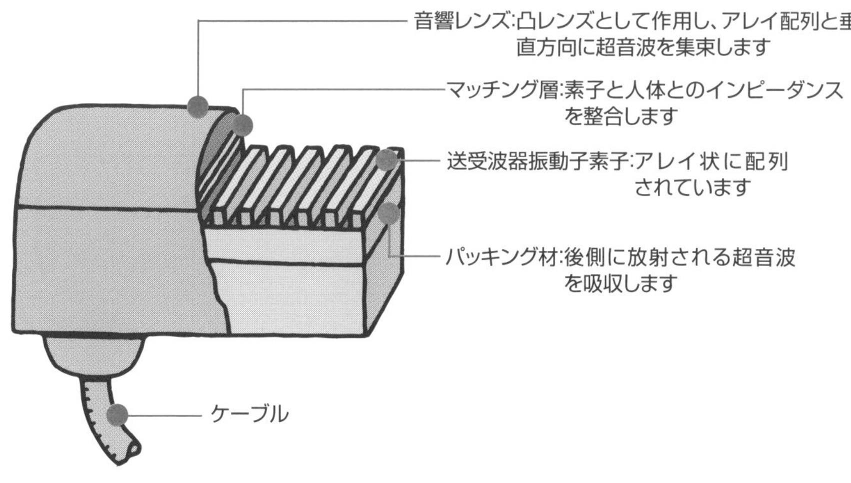

図2　超音波フェイズドアレイ

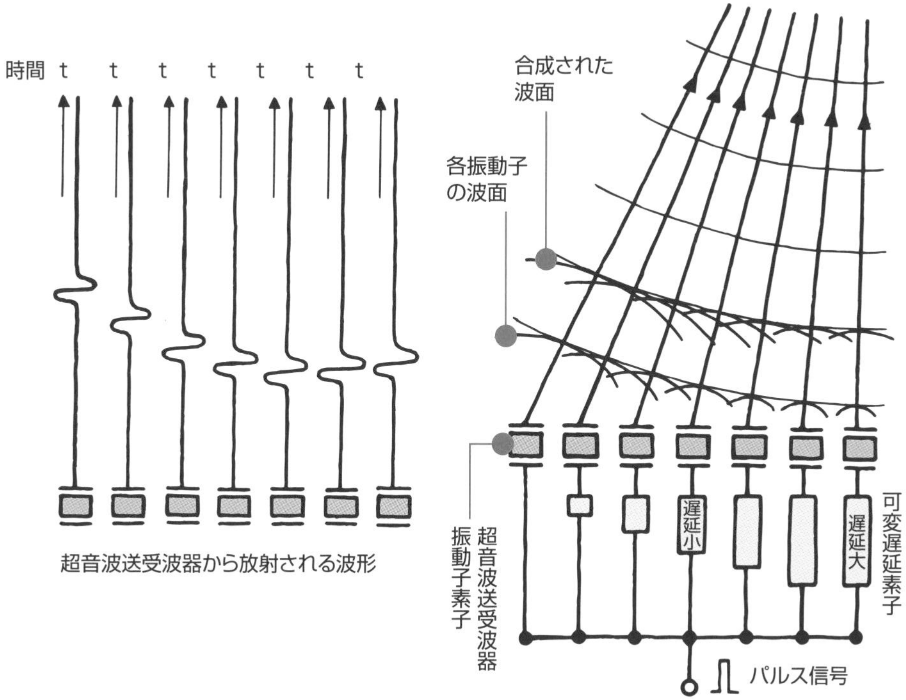

時間 t t t t t t t
超音波送受波器から放射される波形
合成された波面
各振動子の波面
超音波送受波器振動子素子
遅延小
遅延大
可変遅延素子
パルス信号

42 血圧を計るセンサ

血管内の圧力を間接計測する

血圧は中高年の人たちにとって、健康の指標であるため家庭でも計れる電子血圧計が売られています。

血圧は文字通り血管を流れる血液の圧力ですから、血管の中に圧力センサを挿入すれば直接正しい値が得られます。しかし、非侵襲性の要請から不可能なので、体の外で測ります。

カフと呼ばれるゴム袋のついたベルトを腕に巻き、空気でゴム袋を膨らませて血流を一時とめ、空気圧を徐々に下げると血液が再び流れ出します。そのときに血管に当てた聴診器やマイクロホンで、心臓の鼓動に同期するコロトコフ音と呼ばれる音を検出します。さらに空気の圧力を下げていくと血管は圧縮されずに血流が流れるので、コロトコフ音が聞こえなくなります。音が聞こえ始めたときの空気の圧力が最大血圧であり、音が聞こえなくなったときの圧力が最低血圧です。このように外部から空気の圧力で血管を圧迫して血流を止めて、間接的に血管内の圧力を計測します。

電子血圧計では、聴診器の代わりにマイクロホンがカフの中にあり、血圧計の空気圧を供給する部分に半導体の圧力センサが取り付けられています。

聴診器の代わりにマイクロホンを使って、コロトコフ音が聞こえ始める圧力と、聞こえなくなるときの圧力を自動的に表示します。空気圧はモータで駆動される小さなポンプで加圧されるので、計測は自動的に行われます。電子血圧計は数値表示のため、計測値がディジタル変換されるので過去の計測値を記憶でき、比較が可能となりました。

かつては熱があるかどうか額に手を当てて知るのが、身近な体温計測でした。赤外線センサの性能が向上したおかげで、額からの放射熱を赤外線センサで計測し、非接触で体温の計測が可能な放射体温計が登場しました。これにより、空港などで大勢の対象者を、迅速に検査することが可能になりました。

要点BOX

- ●音の聞こえ始めとなくなるときの血圧を表示
- ●電子血圧計は聴診器の代わりにマイクを使う

コロトコフ音と血圧の関係

(a)音を聴きながら測る血圧計

(b)自動化された血圧計

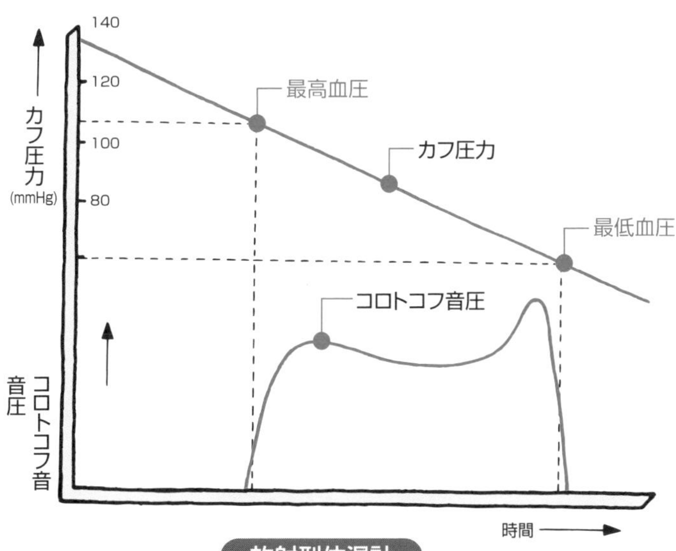

放射型体温計

用語解説

コロトコフ音：カフで圧迫された腕の動脈血管の中で血流が脈動に同期して間歇的に聞こえる音です。
最大血圧は心臓が収縮して血液を送り出す時の圧力で収縮期血圧、最小血圧は心臓が拡張して血液を吸い込む時の圧力で、拡張期圧力といいます。

43 体を内部から見る内視鏡

進化した内視鏡 診察に加えて試料採取や治療も

医療用センサに対する制約は非侵襲性です。しかし、病状を直接見ることができれば正しい診断ができ、適切な治療が可能なことはいうまでもありません。人の体にある開口部からイメージセンサを内部に挿入し、内部を照明し、医師が直接観察できる目を実現したのが内視鏡と呼ばれるセンサです。

患者の負担を軽減するため、長いひも状で、できるだけ外形が細く、たわみやすい柔軟な構造であると同時に、優れた視覚情報をただちに医師に提示することが要求されます。また、柔軟な先端が向かう方向を外部から操作できることが必要です。

フィルムを内蔵した超小型カメラと小型電球による胃カメラから始まった内視鏡は、LEDを光源とし、超小型ビデオカメラをセンサとした現代の内視鏡に進歩しました。医師の手元の操作で自由に先端が曲がり、映像が外部のデイスプレイに直接表示されます。組織を採取する機能まで備えており、観察に加え、試料採取や治療もできるようになりました。

また、小腸は口から食道や胃を経由しても、肛門から大腸を経由しても到達が難しく、内視鏡による観察が困難な臓器でした。この小腸のような臓器を観察する目的でカプセル内視鏡が開発されました。

図に示すように口から飲み込むカプセルの内部に、照明の光源とセンサとして超小型カメラを持っています。撮影は体外からの電波の指令で実施、映像も電波で発信されます。このカプセル内視鏡は、口から飲み込むと10時間以内に肛門から回収されます。光源やカメラに必要な電力は内蔵の電池か無線の電波により体外から供給されます。

画像処理技術の進歩で、X線断層像を内視鏡で観察したような画像に変換する新しい技術、CTコロノグラフィーが開発され、大腸の検査などに使用されています。リアル空間の情報をサイバー空間で巧みに加工して利用している例です。

要点BOX
- ●超小型に進化した内視鏡
- ●小腸などの観察のために開発されたカプセル内視鏡

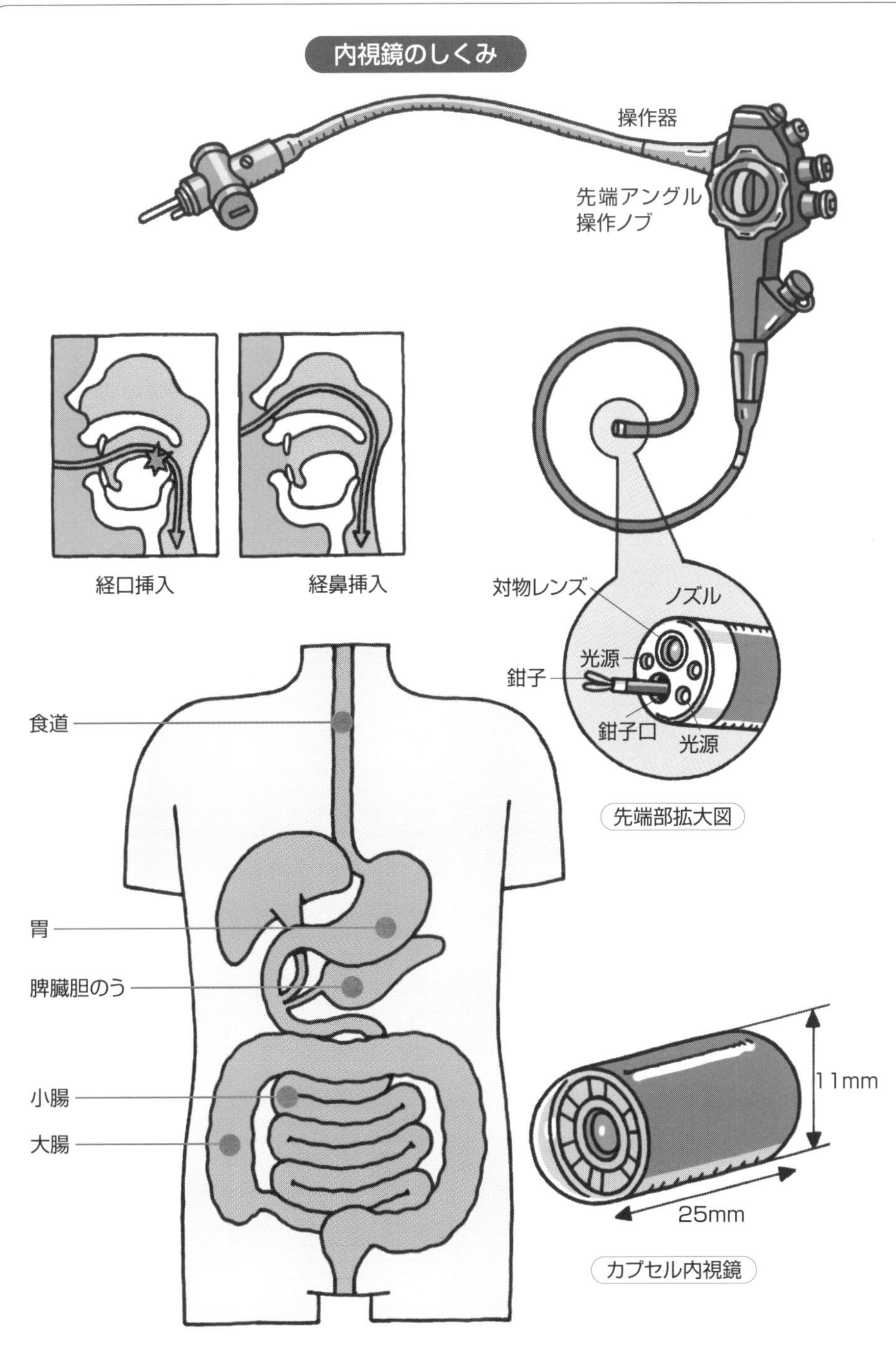
内視鏡のしくみ
操作器
先端アングル
操作ノブ
経口挿入
経鼻挿入
対物レンズ
ノズル
光源
鉗子
鉗子口
光源
先端部拡大図
食道
胃
脾臓胆のう
小腸
大腸
11mm
25mm
カプセル内視鏡

123

第8章　まとめと補足

医療目的のセンシング技術の進歩は急速ですが、ここでは、その中でも特に進歩の速い医療用画像センシング技術について、トモグラフィーを中心に紹介しました。

トモグラフィー技術の進歩は著しく、X線では撮像が短時間で済むため、患者の負担が軽減されました。断層像を再構成する時間も短縮され、撮影後ただちに医師のコンピュータに送られて診断に役立ちます。造影剤を使用すると注目する臓器、例えば、血管だけが浮き出した3次元画像を構成することも可能になりました。

陽電子放射トモグラフィーはPET-CTと呼ばれる新しいCTです。陽電子を放出する試料を体内に注射すると、陽電子が体内の電子と結合消滅し、正反対の方向に放出されるγ線光子対となります。それを外部で検出してγ線光子対発生源の像を再構成します。陽電子を放出する物質は代謝に関わる部分に集まるので、代謝異常のガンの発見に有効といわれています。

医療用センシングシステムの課題は、非侵襲性に対する挑戦でした。限られた人体の開口部から進入して、患部を直接観察する内視鏡の開発は、センシング・インテリジェンスに高度に依存するトモグラフィー技術とは全く異なるハードウェア志向のアプローチでした。

これは、超小型高性能のセンサ技術の開発によって実現しました。内視鏡は組織を直接採取するアクチエータをも持つようになり、体内に進入して診断と治療を行う小型のロボットに近づきつつあります。

PET（新しいトモグラフィー技術）

がん細胞は正常細胞より
ブドウ糖を多く摂取

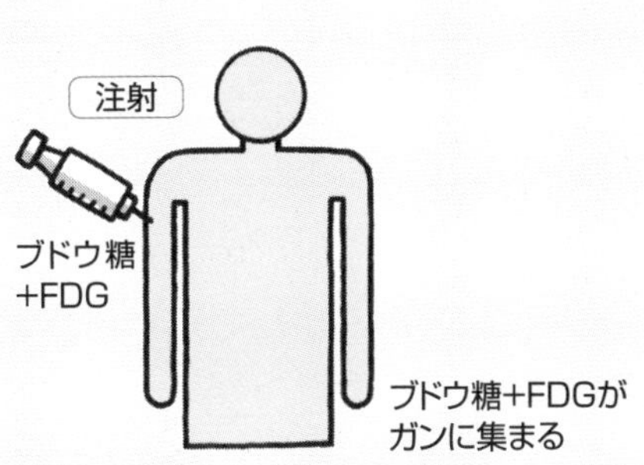

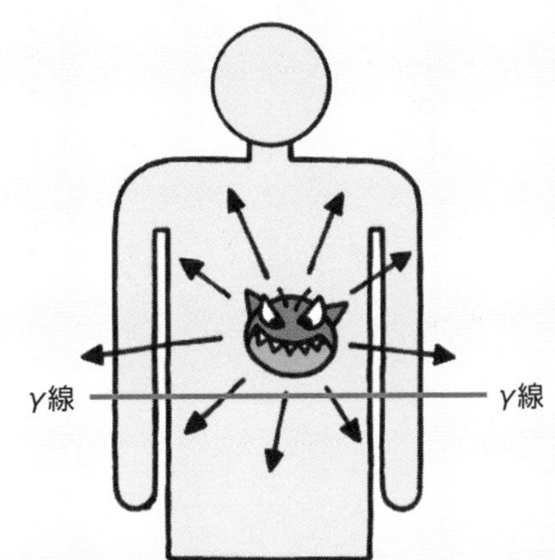

陽電子ポジトロンが体内電子と結合
して消滅する際に放出されるγ線を
センサで検出し画像化する

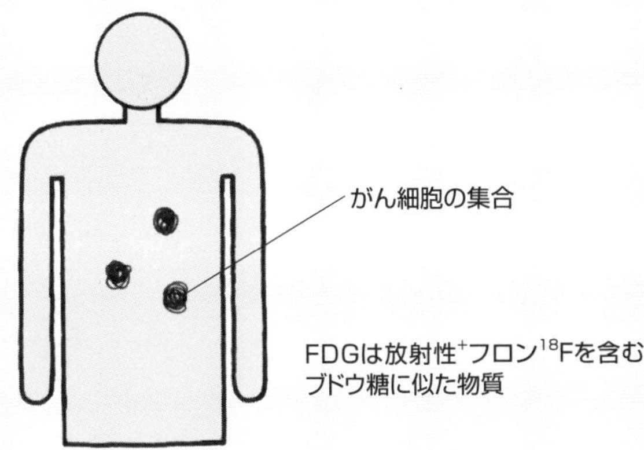

FDGは放射性⁺フロン^{18}Fを含む
ブドウ糖に似た物質

用語解説

MRI：Magnetic Resonance Imagingの略で、核磁気共鳴状態の分布を画像化する技術です。
PET-CT：陽電子消滅時に発生するγ線光子対は正反対方向に放射される性質を利用し、体外のγ線センサを対称の位置に設置し、同時に入射した光子のみを選別することでノイズを抑えることが可能です。

Column

兵器の無人化とセンサ

戦争の変質:技術のデュアルユース性と秘匿性

これまでにも、軍事技術として開発された技術が民間に転用されて発展した技術が多くあります。ロケットや原子力、さらにGPSやインターネットも含まれます。近年、逆の転用が見られます。

最近では、ドローンやロボット技術が戦場に使用されることが目立ってきました。これらの転用から戦争の無人化の傾向が感じられます。味方の犠牲を避けつつ、遠くから目標に正確に打撃を与えるのが共通の狙いで、目標のセンシング、誘導、制御、通信などの技術が関係します。

ロボット技術を例にとると、人が到達困難だったり、危険を伴ったりする場所で人に代わって仕事をする性格があります。こうした民間のニーズがロボット開発の動機となりました。これが軍事技術に転用され、相手国の市民を殺傷したり、社会インフラを破壊するのを見るのは、同じ専門の技術者にとっては悲しいことです。

元来技術は人間の道具ですから、軍事技術かどうかはその使用目的で決まります。その軍事技術では、実際には成果や生み出す価値だけでなく、戦争の抑止力としての価値が重要です。その価値を維持するには、内容の秘匿が欠かせません。それが軍事技術であることの重要な特徴になります。

第9章 安全、セキュリティを確保するセンサ技術

21世紀は2001年のアメリカの同時多発テロで始まり、
2011年には東日本大地震と大津波による大きな被害をうけました。
今世紀はテロや自然災害が目立ちます。
私たちのセキュリティは種々のセンサ技術により
目立たない形で守られています。

44 火災検知センサ

事象のモデル化で決まる火災センサの原理

私たちにとり、もっとも身近な危険は火災でしょう。火災を正確に予知するのは困難ですが、早期に検出すれば消火が可能です。火災検知器と呼ばれるセンサには、いろいろな原理が使われますが、火災という事象を、どのようにモデル化するかでセンサの原理や構造が決まります。火災の特徴となる現象として、発熱と煙と火炎があります。そのため、温度と急激な温度上昇を検出して警報を発するセンサがビルの天井などに取り付けられています。また、煙を光の透過度やイオン電流の変化を利用して検出する方式もあります。火災を早期に発見しようとしてセンサの感度を上げると誤報を出すことが多くなります。たとえば、煙を検知するセンサは、たばこや調理による煙を誤って検出することがあります。

火災は、発熱発煙や火炎を伴う複合的な現象であるのに、一つの特徴のみを取り上げてモデル化して、感度を上げると、誤報を発しやすくなります。誤報を発せずに早期に火災を検出するために、複数の現象を組み合わせたセンサも開発されましたが、コストが問題です。一般に異常を検出するセンサは、検出した異常を抑える操作を自動的に行う機能を持っています。正常状態では直接役に立たないと思われがちで、十分なコストをかけられませんが、異常時には確実に動作する信頼性が要求されます。

低コストと高信頼性とを両立させるには、非可逆現象を利用することが有効です。一例として、一定の温度で熔断する温度ヒューズがあります。これは、天井につけた温度センサのヒューズが熔断するという非可逆現象を使用して水が放出される消火器を兼ねているスプリンクラーと呼ばれる装置です。車の衝突時に膨んで搭乗者を守るエアバッグも、火薬の爆発という非可逆現象を利用して故障を回避しています。非可逆方式の弱点は、正常時に機能をテストできないことです。

要点BOX
- ●温度上昇と光の透過度で検出
- ●複合現象のモデル化も
- ●非可逆方式の操作にも弱点

図1　火災センサにおけるモデル構築

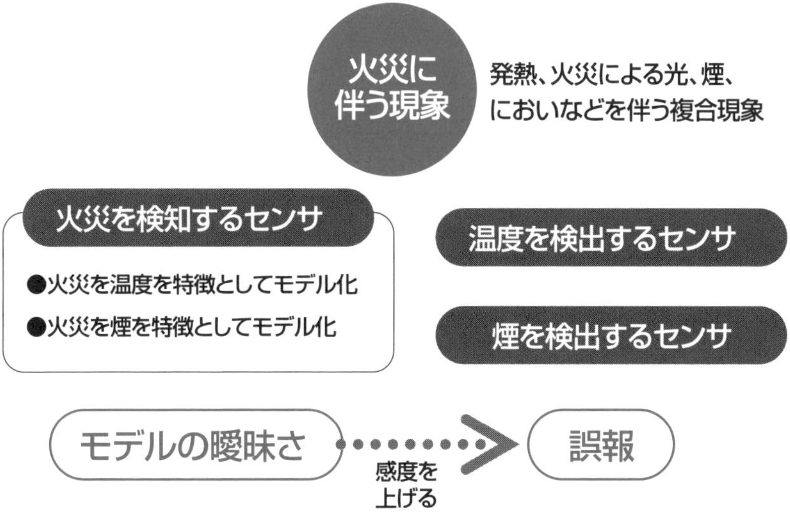

火災に伴う現象
発熱、火災による光、煙、においなどを伴う複合現象
火災を検知するセンサ
●火災を温度を特徴としてモデル化
●火災を煙を特徴としてモデル化
温度を検出するセンサ
煙を検出するセンサ
モデルの曖昧さ
感度を上げる
誤報

図2　温度の急上昇を感じる差動式感知器の構造

配線
火災による温度の急変によりダイアフラムの下側の圧力が高まり、接点が閉じます
接点
ダイアフラム
空気室
リーク孔
ダイアフラムの上側の圧力増加をおくらせて温度の急変のみを検出します

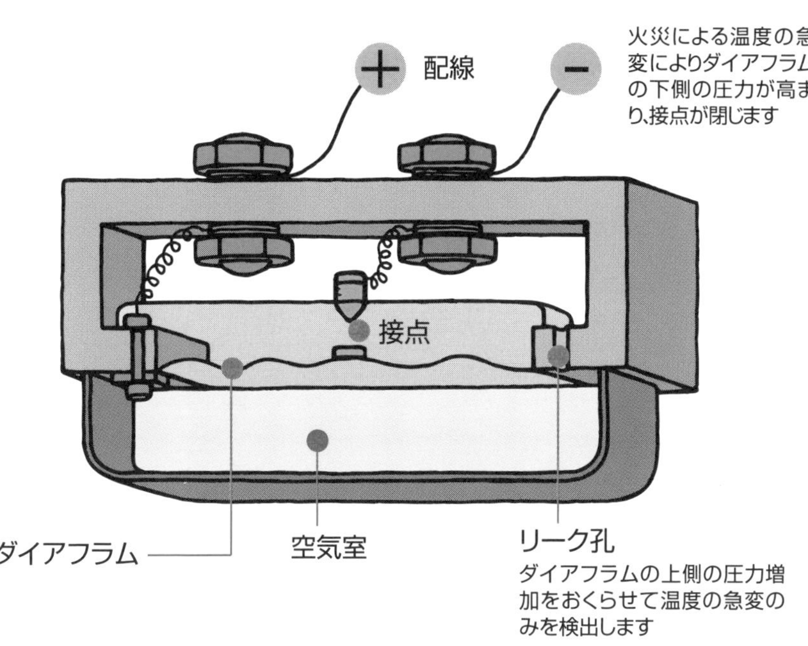

45 被害を抑える減災システム

波の伝搬速度の差を利用した災害の早期予知と避難

大地震の早期の予知は困難です。しかし、発生を早期に知れば被害を防ぐことができます。地震の揺れには縦揺れと横揺れがあります。震源から私たちの住む地点には、伝搬速度が異なるため縦波が先に到達します。大きな被害を生むのは横揺れである横波が多いので、縦波を検知して早期に警報を出せば、横波の被害を抑えることができます。例えば、火元を消すことで火災の被害が抑えられるでしょう。

2011年の東日本大震災のときは午後3時前ですから、多数の新幹線列車が走行中でした。縦揺れを検出して電車を減速し、または停止させたので脱線事故は起きませんでした。自然災害自体は回避できませんが、情報を早期に入手して対策を打てば、被害を抑えることができるのです。

津波についても同様です。津波の進行速度は地震の波に比べてはるかに遅いので、震源になりそうな海の底に地震動を検出して伝達するセンシングシステムを設置します。さらに、津波発生による海面の上昇を海底の圧力で検出するセンシング技術を組み合わせて、津波襲来を沖で早期に検出し避難のための時間を稼ぐ人命優先の手法が実行されています。

台風が豪雨を伴ってやってくると、地盤がゆるみ崖崩れが起こります。崖崩れが起こる前に、予兆としての地盤の変化を検知できれば、崖崩れは防げなくとも、避難することにより被害を回避できます。

そのために光ファイバーを使用して、地盤の変形やひずみを検出するセンサが研究されています。光のブリルアン散乱とよばれる現象を利用します。光ファイバーに単色光を通したとき、散乱光の一部の光の周波数が少しずれますが、ファイバーに加わるひずみに応じて周波数のずれが変化します。光ファイバーを崖崩れの危険がある場所に張り巡らすことで、ファイバーに沿った線状のひずみを検出できます。

要点BOX
- ●地震の縦波を検出して警報
- ●津波の襲来は海底の水圧変化で検出
- ●ひずみ発生場所と程度を知り崖崩れを予知

津波の予測のしくみ

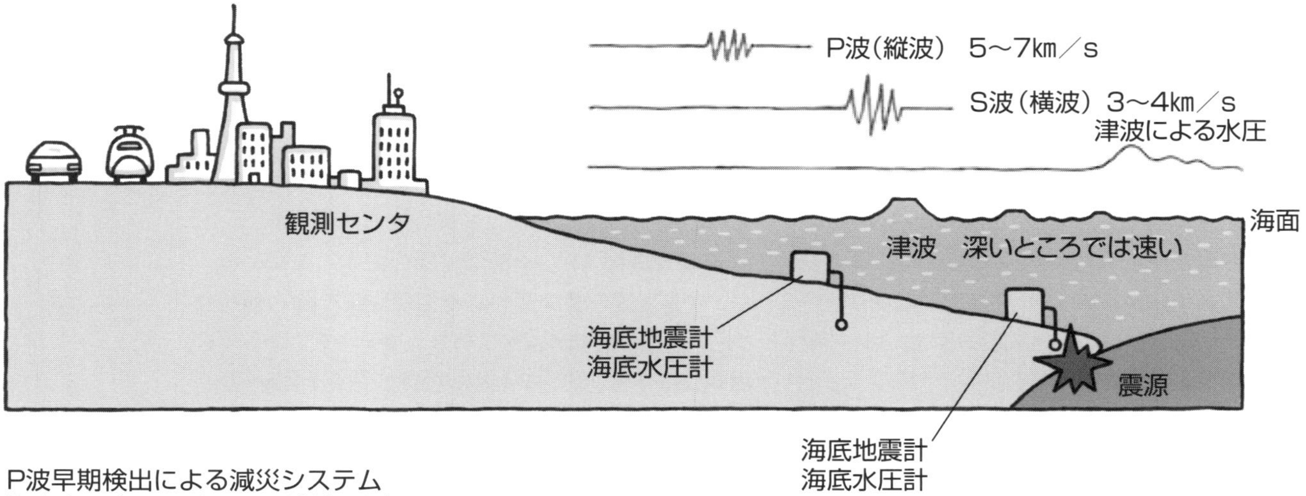

P波早期検出による減災システム
海底水圧力センサによる津波予測
水深が浅くなると津波が遅く波高が高くなる
（水深1000mで速度約100m／s）

46 侵入を防ぐ個人識別技術

安全を脅かす人の排除
浸入の意志は直接検出不能

侵入の形にはいろいろあっても、セキュリテイを確保する上で大切なことは、守りたい領域、つまり家庭であれ、ハイジャックから旅客機を守る場合であれ、安全を脅かす人間を排除することです。

しかし、安全を脅かすことを特徴として人を識別することは困難です。人の意図や決意は人の心の中にあり、それを読みとるセンサ技術はありません。したがってセンサが読みとれる特徴を利用して人を識別しなければなりません。

家庭では鍵をかけ、鍵を持つ人だけが入れます。危険物を扱う施設や機密を守る場所では、入ってよい個人のみを識別してゲートを通過させます。ただし、合鍵やカードを検出する方式が識別しているのは鍵やカードであって、個人ではありません。個人を識別するにはパスワードなどを併用します。

個人識別技術では、個人がそれぞれ持つ他人にはない特徴をあらかじめシステムに登録して、それを手がかりに識別します。特徴として多く使われるのは指紋です。指紋は一人一人が異なり、一生変わらないからです。図は全反射を利用して指紋を判別するセンサの原理です。指紋を画像化してコンピュータがパターン認識します。

指紋は隆起している部分と谷の部分とが0・3〜0・5㎜間隔で繰り返される紋様です。谷の深さは0・05㎜程度とされています。センサのプリズムの部分に指を押しあてると谷の部分は隙間が空くので、プリズムの表面では光は全反射します。一方、隆起している部分は空気がないので全反射せず、光が散乱するために、全反射光を画像センサでとらえると谷の部分の紋様を画像化できます。

隆起部分を多数配列した圧力センサで検出する方式もあります。

指紋のほかに目の網膜上の毛細血管の紋様や虹彩の形状を特徴とする識別技術も研究されています。

要点BOX
●個人が持つ他人にない特徴を判別
●指紋のほかに網膜の血管の紋様も研究

全反射を利用した指紋の画像化センサ

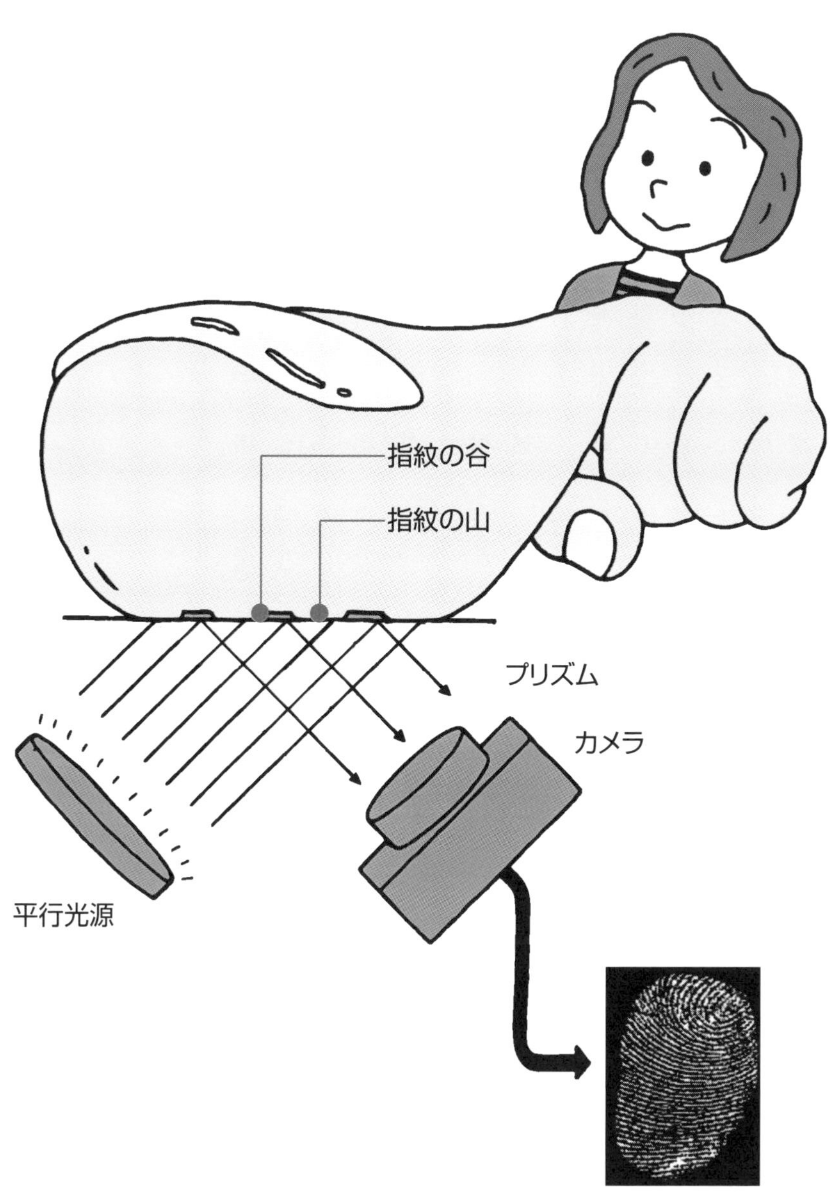

47 空港のセキュリティ・チェック

X線と磁界の乱れで検出する金属探知器

空港で乗客の手荷物を検査します。ハイジャックの搭乗を防ぐ検査です。ハイジャックの意図を直接検出するセンサはないので、二次的な特徴を利用します。ハイジャックを検出できる特徴は武器です。ピストルや刃物などは材料と形状を特徴として検出できます。X線で手荷物を透視すると、内容の中に金属があると衣類や書類などよりX線の吸収が大きいので形状が濃く描き出せます。その形を人が判別します。また、ピストルのような特異な形は機械に登録しておき、機械が自動的に検出します。

さらに、乗客が身につけている武器を検出する装置があります。乗客が一人ずつ通過させられる枠状のセンサです。枠には図1のように3個のコイルが前後に設置されていて、中央のコイルに交流電流を流し、前後に対称な磁界を形成します。前後の2個の受信コイルには交流電圧が誘起しますが、差動的に接続されているので磁界分布が対称であれば出力信号は零です。金属を持った人が通過すると図2のように金属のために磁界の対称性が崩れるので、前後のコイルの起電力の差が出力信号となります。金属がどこにあっても、また、かなり小さいものでも検出可能なので、コインや鍵でアラームが鳴ることがあります。アラームが鳴ると、係員が同様の原理の携帯型センサでさらに衣服の上から撫でまわして、金属のありかを調べます。

チェックインした荷物についても、X線で透視して検査します。しかし、その荷物に爆発物が入っていても、金属でなければ検出困難です。もし、チェックインした乗客で出発までに搭乗しない客がいた場合、荷物をすべて下ろし、乗客も降ろして自分の荷物を確認させます。この場合、危険な荷物の特徴は持ち主が現れないことなのです。このように旅客機に対する危険を識別する特徴はなく、犯人の間接的な特徴に頼らざるを得ません。

要点BOX

- 乗客の検査は金属探知器、チェックインした荷物はX線透視で行う
- チェックイン後、持ち主の現れない荷物は危険

図1　空港における乗客の金属類探知

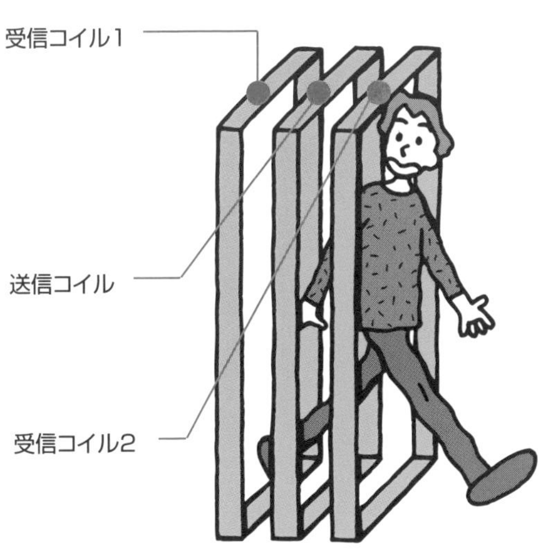

図2　金属探知器　交流磁界の乱れ

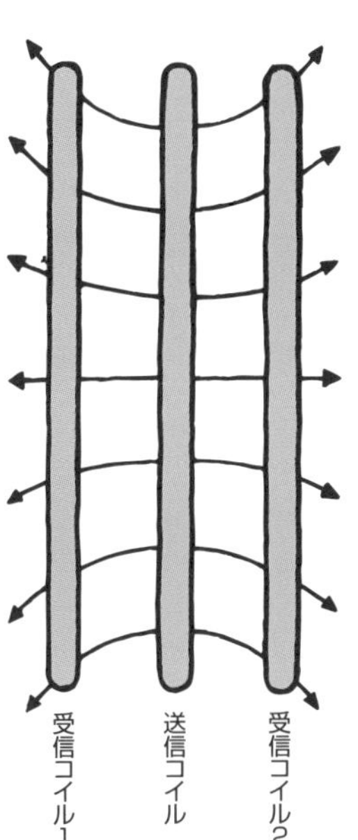

(2)鉄(強磁性体)がある場合

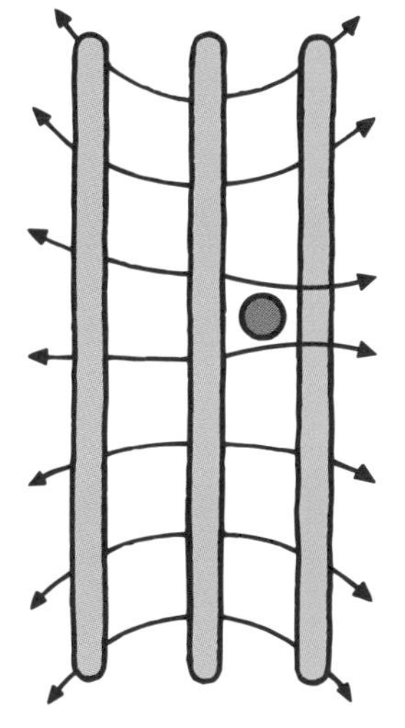

(3)金属(鉄系以外)がある場合

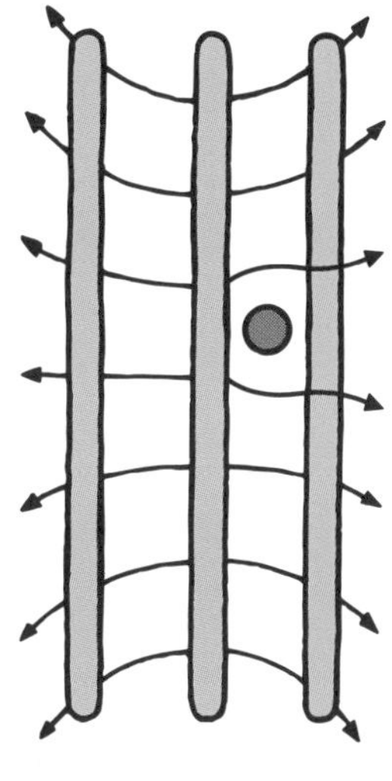

48 監視カメラと画像処理

クローズド・サーキット・テレビジョン

犯罪や事故を監視するためのビデオカメラで、撮影された画像は録画されますが、一定期間が過ぎると上書きされ、消去されます。撮影と録画、視聴などが行われ、一つのループで完結するため、クローズド・サーキット・テレビジョンとも呼ばれます。

近年、監視カメラの画像が犯人の検挙に役立ち、事件が解決する例が多くなったので、設置数が増えました。外国では、英国は設置数が最も多く、四百万台を超えるといわれます。ロンドンでは、一人の市民が街へ出かけ、帰宅すると一日平均300回も画像に収まるそうです。当然、プライバシーが侵されますが、セキュリティを取るか、プライバシーを優先するかの議論があった上でセキュリティーを選んだのは、犯罪の摘発や防止に役立つとの判断でしょう。

撮影は自動的に行われますが、特定の容疑者の行動を探る場合、膨大な監視カメラの画像の中から、指定された特徴を持つ人物を選択する作業は膨大な手間がかかります。その作業を効率よく、高速で処理できるシステムとセンシング・インテリジェンスが活用されています。

駅、空港や金融機関、公的施設などに設置されたカメラの画像はこのような処理システムで処理が可能ですが、近年増加した、商店や繁華街などは通常は限られた範囲内で監視が実行されており、文字通りクローズド・サーキットです。もし、事件が起こると、警察などから情報提供を要求されることがあります。

個人情報である画像を否応なしに撮られるので、その画像の保管や使用に関するルールを確立し、個人情報の流出を抑止し、プライバシーを守る慎重な運用が必要です。

要点BOX
●監視カメラシステムはクローズド・サーキット・テレビジョンとも呼ばれる
●プライバシーを守る運用が必要

色々な監視カメラ

第9章 まとめと補足

本章では、私たちの安全が、普段気がつかないようなところに設置されているセンサにより守られていることを示しました。次のようにまとめられます。

❶安全を脅かす災害には、自然災害と人間に起因する危害とがあります。

自然災害の発生を止めるのは不可能なので、少しでも早く検出し、警報を出して被害を減らすように努めます。そのためには現象が伝わる速度の差を利用して被害を抑えるための時間を稼ぎます。

人間に起因する危害は、その原因となる人間を識別して排除する方法しかありません。

❷災害、とくに火災は、どのような現象を特徴として検出するか、その適切なモデルを作ることが成功の鍵を握っています。複雑な現象を単純化し、一つの特徴によるモデルでセンシング・システムを構成して早期に検出しようとセンサの感度を上げると、ノイズによる誤報を出しやすくなります。現象を支配する複数の特徴を組み合わせることで正確な検出ができます。

❸人が起こす犯罪やテロはその意図を直接検出できません。検出可能な特徴を活用してモデルを作るしかないので、特徴は武器として検出します。武器は金属ですから、金属を特徴とするモデルが作られました。不完全なモデルのため、全く関係のない人にも迷惑がかかります。

❹個人の識別はネットワーク社会における電子取引や電子決済などの安全を守る上で非常に重要な技術です。個人識別には、生涯不変で、一人ひとりが必ず異なる特徴があり、機械に登録可能なもの、さらに、機械が個人の差異を検出できるものが要求されます。その条件をすべて満たすのが指紋です。

❺監視カメラの設置が目立ちます。その情報を有効に利用するには大掛かりなシステムが必要ですが、獲得した情報は個人のプライバシーを守るために慎重に扱われなければなりません。

災害危害を予知する センシング・システムの課題

災害

災害の特徴は既知

自然災害

- ●早期に検出して被害を減らす
- ●点より面で予兆を検出

人間の特徴は未知

人為的危害

- ●危険な人間を認識して活動を制約
- ●危害の意図は検出不可能

危険な意図を持つ人間の危険を
どのような特徴でモデル化するかが課題

悪意はモデル化できない

金属センサ

Column

犬嫌いがわかる犬

ペットブームと言われ、犬を散歩させる人の数が増加しました。一方、目立たないが、犬の嫌いな人や苦手な人たちも少なくありません。

世の中には犬の好きな人と嫌いな人とが混在していますが、犬嫌いの存在は人間にはわかりません。

ところが、犬には犬嫌いがわかるといわれています。

カギとなるのは匂いです。犬の嫌いな人は、以前に犬に噛まれたとか、激しく吠えられたとかで恐怖心を植え付けられた人が多く、その人たちは犬を見ると恐怖心がよみがえり、特定の汗をかくのです。その汗の臭いに犬は非常に敏感なため、犬が吠えるとさらに汗のにおいが強まり犬は自身の感覚を確信します。

人間の間でも好きや苦手が存在しますが、容易にわからないために多くの悲劇を生じます。人間も嗅ぎ分けられればよいのにと思うでしょうが、人間には自分の好き嫌いを相手に知らせないように努める能力があるためにわからないのです。その屈折した能力が社会を平穏にしていると考えるべきでしょう。

第10章

これからのセンサ技術

センサ技術は急速な進歩を重ねてきました。
これからどのような方向に進歩するのか
その方向を探ってみましょう。

49 センシングの高感度化(1)

量子センサ

センサは感覚機能に相当しますから、高い感度が重要です。高感度化には二つの流れがあり、対象が存在する空間が微細であったり、事象として観測できる時間が制約される場合と存在量が少ない成分を検出する場合です。定量的には、前者はセンシングの空間的分解能と時間的分解能で表現されます。どこまで微細な現象、あるいは短時間の事象が正確に捉えられるかです。空間的に制約があれば、センサは小型で高感度である必要があります。時間的な対応でも小型で高感度が要求されます。

そこで期待されるのが量子センシング技術です。原子やフォトンなどの量子が発現する波としての性質や量子もつれを活用した、超小型のセンサ技術が注目されています。一例を挙げると、ダイアモンドの結晶格子の炭素原子を窒素原子で置き換え、その隣に空孔を作成して、磁気、電場、温度などを感度高く検出するしくみです。

またその量子の性質を利用したセンシング例として、量子状態が周囲の環境に非常に敏感な性質を利用した特殊なセンサもあります。超伝導状態の電子対が周囲の磁場の影響を受けやすいことを利用したセンサです。ヒトの脳から発する微弱な磁気を検出するなどへの応用が期待されているもので、超伝導量子干渉デバイス(SQUID)と呼ばれます。脳の状態を調べるのには、脳の表面電位を計測する脳波計を使いますが、そのままでは頭がい骨が存在するために電位の空間的分布の変化がぼけてしまうので、磁界の変化を空間的に細かく計測して脳内の状況を探るものです。SQUIDは感度が高いため、磁気シールドにより磁気ノイズを除去し、絶対零度付近まで冷却しなければなりません。脳機能の変化を利用して認知症の進行を遅らせたり、老化の機構を明らかにする、などの応用が期待されています。

要点BOX
- ●量子技術を使った超高感度小型センサが注目
- ●人の脳磁波を検出する超伝導量子干渉デバイス

超伝導量子センサの活用例

微弱な磁気を検出

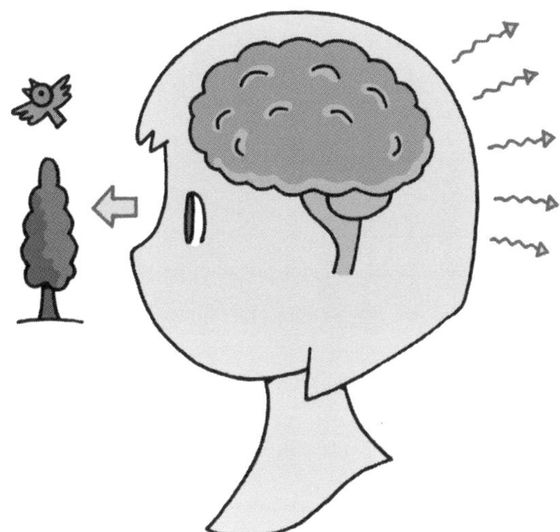

図1 SQUIDの一例

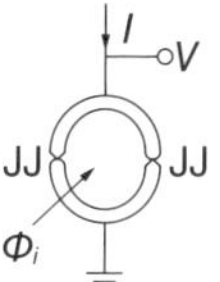

JJは2つの超伝導状態を細い接合で弱い結合状態として実現したもので、ジョゼフソン接合と呼ばれます。2つのJJ を持つSQUIDは磁束Φ_iの変化により出力Vが図2のように変化します。

図2 磁束Φ_iに対するDC SQUADの電圧Vの変化

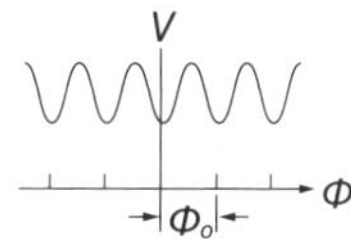

磁束が$\Phi_o = h/2e$で量子化されているためです。Φ_oは2×10^{-15}wbの微弱な磁束です。ここでhはプランク定数、eは電子の電荷です。

多くの活用分野

磁界センサは原理により、非常に広い範囲の磁界を検出できます。下図はその範囲と現象を表したものです。

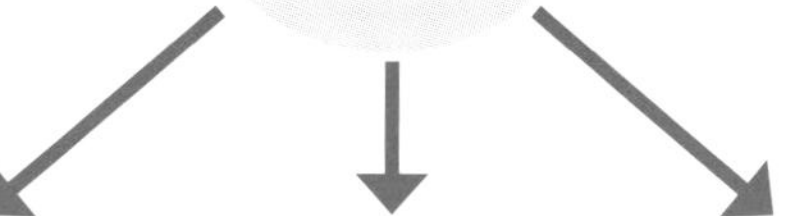

地震予知

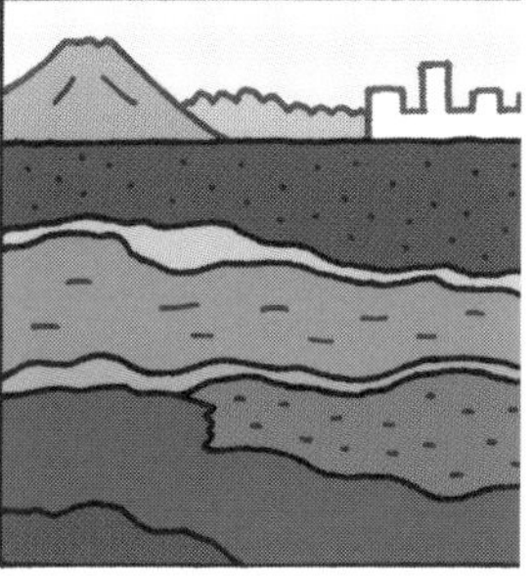

地脈探査

エネルギー探査

50 センシングの高感度化(2)

超微量成分検出

センシングの感度は技術の進歩とともに高められてきました。物理量のセンサについては、社会の要求を満たす感度まで到達しています。しかし、物質の成分を検出するセンシングや成分濃度を示す化学センサに関しては、環境の分野でより高い感度が要求されています。高感度のセンサのおかげで新しく見えてくるものがあるからです。高感度で、しかも迅速に結果が出る検出法が必要です。

企業排水から流れ出た有機水銀が原因で、公害病と認定された水俣病の、認定当時の水銀分析の感度限界は数十ppm(1ppmは百万分の一の存在比)でした。そのため水銀が原因と断定されるのに時間がかかりました。現在はppmの千分の一であるppb、さらに、その千分の一であるpptまで分析感度の限界が向上しました。1ppbは10億分の1です。高感度が要求される理由の一つは生物濃縮と呼ばれる仕組みの存在です。

強力な効果で知られた殺虫剤のDDTは、健康への悪影響から現在は製造禁止ですが、その海水中の濃度は約3pptといわれます。そのような微量な成分が生物の体に蓄積されて濃縮される仕組みがあります。プランクトンの体内に蓄積された微量物質が、プランクトンを餌にする小魚の体内に移り、さらに小魚を餌にする大きな魚の体に蓄積されて、人間に食べられるという食物連鎖の中で、有害物質の濃度が何桁も濃縮され、健康に悪影響を与える濃度まで増加する仕組みです。水俣病の海でも、その海の魚を食べていた人たちが発病しました。福島原発の事故でも海産物に生物濃縮の影響が出ないかと心配され調査されました。感度だけを高めるのではなく、いろいろな成分が共存する中で目的の成分に対する選択性が十分でないと高い感度が生かせません。かつてヒ素に混入した微量な不純物の特徴の同定から事実が判明した事件もありました。

要点BOX

- ●環境の分野で超微量成分を検出する高感度センサが活躍している
- ●目的の成分に対する選択性の確保が重要

センシング技術進歩の方向

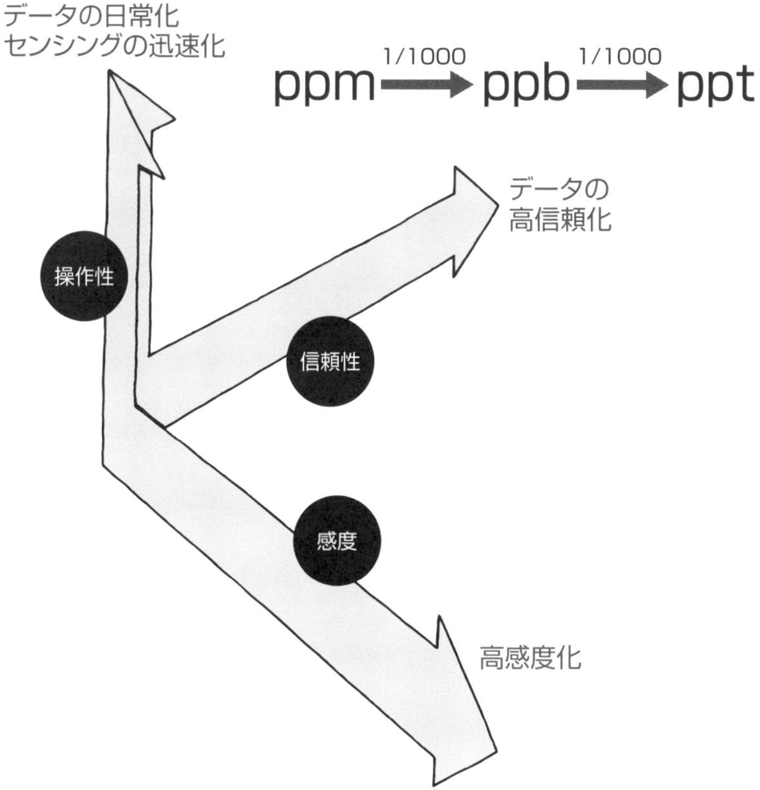

データの日常化
センシングの迅速化
1/1000
1/1000
ppm ppb ppt
データの
高信頼化
操作性
信頼性
感度
高感度化

食物連鎖と生物濃縮

プランクトン
小魚
大魚
体内に蓄積
体内に蓄積
体内に蓄積
体内に蓄積

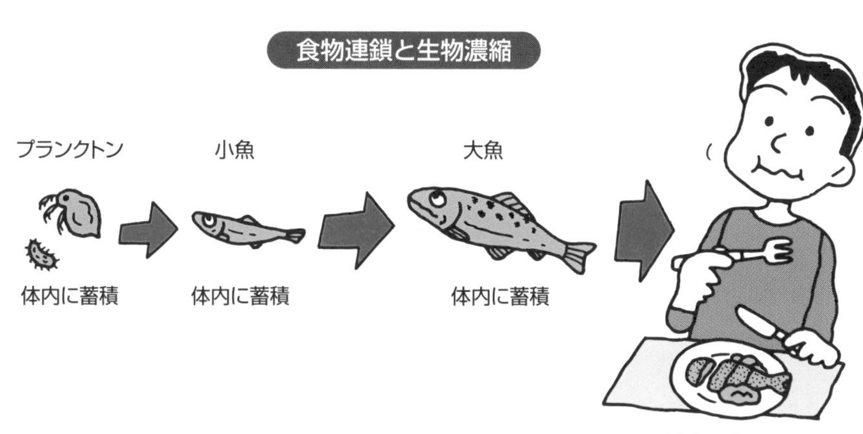

51 センサの高度知能化

対象に関する知識を利用した信号処理で特徴を抽出

センサの出力信号は、対象に関する情報を含んでいるにせよ、そのままでは対象の状況がわかりにくく、また、ノイズを含んでいます。そのため、対象に関する必要な特徴を抽出するために信号処理が必要です。また、有用な情報のみを送り、無用なノイズを送らずにすめば、通信経路の負担が減ります。

人間の感覚器官でも、一部の信号処理を感覚器官で行い、情報処理を行う脳の負担を軽減し、通信経路である神経の負担を減らしています。

センサ知能化の状況は、5章で述べたように、デジタル信号に変換すると安定な記憶が可能です。メモリはそのコストが百万分の一にまで下がったので、データ記憶に大量に使用され、知能をセンサに付与しやすくなりました。それを記憶された過去のデータと比較することで、機械的知能が生まれます。これがセンシング・インテリジェンスの出発点です。対象の特徴に関する知識が記憶により作成され、対象を正しく認識するモデルが使えるようになれば、センシング・システム自体がセンサ情報の意味を理解できるようになります。人間の持つ知識の一部が機械に埋め込まれ、理解と判断という知的作業が、機械側のセンシング・システムに肩代わりされます。

また、センサ自体が環境変化を察知して動作条件を変えて環境に適応したり、センサ機能の正否を自己診断できれば、より一層、知能に近づきます。

すでにデジカメに使用されるイメージセンサでも構図の中から顔を認識したり、笑顔を識別できるシャッタの自動操作が実現しています。遠からず特定の顔を正しく認識する個人認識が実現するでしょう。

対象に関する知識と判断力が機械に埋め込まれていく過程を機械の知能化といいます。知能化されたセンサは優れた人の知能を受け入れ、次の世代に伝えますから、生まれた時は知識がゼロである人間を超える能力を発揮できるようになるでしょう。

要点BOX

●対象に関する人間の持つ知識と判断力が機械に埋め込まれていく

センサの高度知能化

機械の知能化

人間の持つ知識の一部が機械に組み込まれ、知的作業が実行される

センサの知能化により期待される機能

1. 対象の特徴を把握し、信号とノイズを分離する。
2. センサ信号の持つ意味を理解する。
3. 人間の希望や意図をセンサ情報から読み取り、それに合わせた動作を実行する。
4. 他のセンサ情報との統合や融合による意味の理解の高度化。
5. センサの環境の変化を察知し、警報を発する。また、変化に適応する。
6. センサの機能が正常かを自身で診断し、修復する。

センサの知能化実現の段階(上記を受けたもの)の機能の実現

1. の機能は既に実現ずみ。メモリコストが10^{-6}に低下したことで知能がセンサに付与できるようになった。
2. 3.の機能はセンシング・インテリジェンスの形で設計段階において設計者から与えられる。情報処理はサイバー空間で実行。
4. の機能はセンシングのマルチモード化で実現。次項を参照されたい。
5. 6.の機能は環境や自身の変化に対する適応性の実現で、知能の高度化の指標。環境への適応能力を持つ。

実施例:リアル空間で実現

A. 医療分野などでAIが医者の施術をサポート。
B. 自動車の衝突回避支援システムにおけるセンサ情報の意味理解と警報あるいは自動停止の選択。
C. 複数人物の被写体の中から子供の顔を検出し、それが笑顔になったときにシャッターを切る。
D. 監視カメラの画像内の対象人物と共通の特徴を持つ人物を他のカメラの動画像の中から検索する。

52 計量から認識へ センシング機能の変化

対象に関する情報の曖昧さをなくす

センサの出力信号が基準となる量と比較されて、数値化あるいは符号化されて表示されるのが、計量あるいは計測と呼ばれるセンシングの機能です。センシングの機能は、近年計量から認識へと拡張されました。

センシングの原点は対象が存在するか否かを明確にすることでした。存在が確認されれば、次はそれがどれだけあるかを定量化する計量です。さらに、対象の量だけでなく、対象の判別と、それがどのような状態であるかの認識が必要とされてきました。

センシングの目的は対象に関する情報の曖昧さを減らすことですから、このような機能の拡張は自然な進歩です。その結果、センサについてもその影響が顕著になってきました。たとえば、8章や9章で述べた例では、状態の認識であり、そこでは、認識の基準について十分明確ではなく、認識の精度に問題がありましたが、いずれも、対象や状態の認識がセンシング・システムのセンシング・インテリジェンスの役割として要求されています。

一方、前項に述べたセンサの知能化の技術が、その要求を実現しつつあります。センサが符号や文字をかなり読みとれるようになり、状況からセンサ情報の意味を理解できるように進んできました。センサが人間を対象としたとき、人間が何を望んでいるか、何をしようとしているか、希望や行動の意図を理解できれば、機械が人間に合わせることが可能です。

協働ロボットだけでなく、我々の周囲の機械が我々の意向を認識して行動してくれれば、大いに助かります。

このような機能を実現するには、リアル空間ではなく、物理的な制約がないサイバー空間での情報処理がより有効です。

要点BOX

●計量から認識へのパラダイムシフト
●知識の体系と認識モデルが必要

計量から認識へ　センシング機能の変化

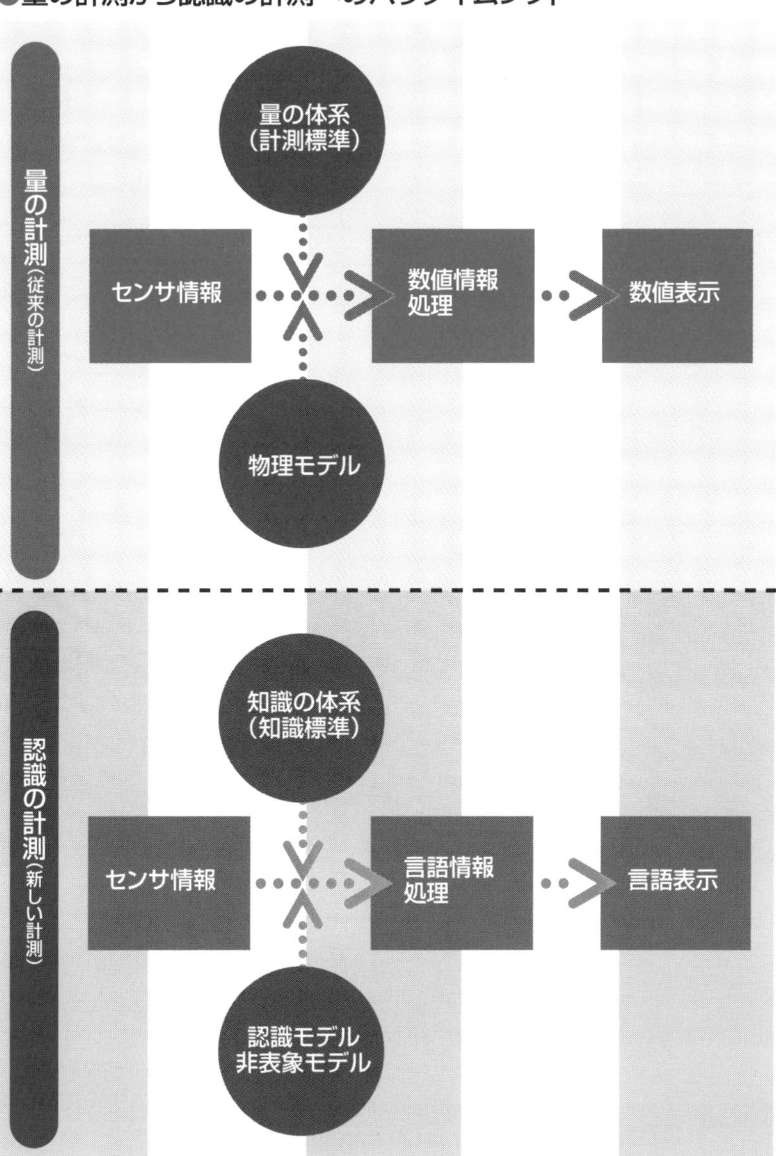

53 ヒトの遺伝子のセンシングと医療

ヒトゲノムの解析

DNAの二重らせん構造が明らかにされ、その後、二重らせん構造の中の4種の核酸、アデニン、チミン、シトシン、グアニンの配列、すなわち、それらの頭文字をとったA、T、C、Gの配列順序が遺伝情報を記述していることが判明しました。それが人体の基本部品であるタンパク質分子や核酸分子を構成する設計図です。

ヒトゲノム解析計画によりA、T、C、Gの配列の情報が得られました。

●遺伝子情報の解析

約100年前に起きたスペイン風邪の世界的流行時にはウイルスが見えず、正体がわかりませんでした。今回のコロナウイルス禍ではウイルスの形はもとより、遺伝子やその変異まで明らかになっています。その知見をもとにワクチンや薬品が開発され、接種されました。そして効果を上げています。

配列が判明しても数が多いために人の力では処理できません。30億個ともいわれるヒトゲノムの解析を可能にしたのは、センシング技術の機械力でした。その結果、遺伝子の解析がビジネスの種にもなっています。

ある遺伝子配列が個人のいかなる機能や性格を発現するかについても現在研究され、かなり明らかになってきました。その結果、病気に対する将来のリスクが予測できるようになり、乳がんのリスクを恐れて乳房を切除した女優も米国に現われました。遺伝子解析で得られた知見を活用して、個人に合わせた病気の診断や治療の薬も研究されています。

一方、遺伝子の改変は将来に永く継続する変化を加えることを意味するので、ヒトの遺伝子の変化については慎重にならざるを得ません。

要点BOX

- ●DNAの解析システムは認識機能が主
- ●個人の究極的な特徴である遺伝情報の明確化
- ●個人の遺伝子情報にもとづく診断や治療

図1　遺伝子情報の解析

DNAの配列を解析する装置をDNAシーケンサといいます。
DNAの構造を解明し、配列を決定するセンシング・システムです

(a)DNAの二重らせん構造　　(b)水素結合による塩基対結合

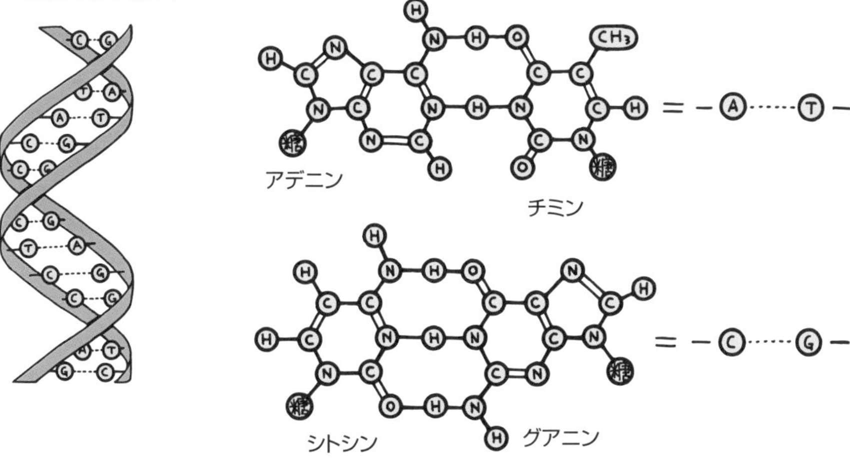

ヒトゲノムの解析により、塩基の配列は解明されました。
しかし、その配列がヒトの性格や病気にどのような関係があるかについては、まだ解読の途中です。
これらの関係が明確になれば、医療や医薬の分野で変革が起こるでしょう。

<DNAの解析について補足>

DNAの解析では、長い鎖状のDNAを短い断片に切り、切り口にマークをつけた短い断片について核酸の配列を解析します。その際、DNAの断片のコピーを大量に作る技術がPCR法です。それによりDNA解析の作業が複数の研究機関で並行して進めることもできるようになりました。

配列の識別には電気泳動法が使われます。溶液中で電位差により分子が移動するとき、電荷と質量の比や分子形状などにより速度が異なります。この差を利用して目的の分子を識別する手法です。ここでは、短く切断されたDNA断片について核酸の配列を決定します。短い断片が長いDNAのどの位置にあるかの情報も集積されていて、そこに配列情報が書き込まれて解析の全体像ができあがります。

認識機能が主要な機能であるセンシング・システムとしてDNAの解析システムがあります。認識の基準は明確ですが、数が非常に多いので人間には全く不可能な作業でした。しかし、コンピュータや機器の性能向上で、すみやかな解析が可能になりました。DNAは、それが個人を識別する究極的な特徴であるだけでなく、その人の将来をも予測できるようになりつつあります。

用語解説

ヒトゲノム：人の体を構成するのに必要な1セットの遺伝子であり、DNAの集合。ヒトゲノムの解析は遺伝情報のセンシングです。

54 資源循環社会における材料認識技術

センサに高度な材質認識技能が、ロボットに融通性が要求される

有限な地球の資源を活用して文明社会を持続的に発展させるには、資源循環型社会を実現しなければなりません。廃棄物の資源を有効に再活用するには、材質を判別して分別回収しますが、現在は、人が視覚、触覚などの感覚と材料の知識を活用して分別解体しています。図に現在の状況と将来自動化される循環システムを示しました。現在の生産工程では、原料から製品までは高度に自動化されており、生産コストが安くできますが、廃棄から再利用の過程ではほとんど自動化されていません。

この工程を省力化あるいは自動化するには材質認識機能を持つセンサと解体ロボットが必要です。もし、材質判別センサがあれば、多様な物質から構成される廃棄物から材料を識別分離できるし、解体して原材料に戻す工程には、生産以上に高度な判断と融通性が必要しょう。

資源循環をヒトの体の循環系にたとえて、原料から製品への生産工程を動脈工程、回収から再利用の過程を静脈工程とよびます。もし静脈工程が自動化されればリサイクルのコストが下がり、資源の有効利用も進み、資源循環社会が実現します。その自動化には、従来のセンサ技術とは異なる材料認識センサ技術を開発し、現在人間が行っている部品の解体を自動化し、材料ごとに分別する作業技術が必要です。また、材料の識別用に記入された符号を認識するセンサも必要です。すでにプラスチック製品については赤外線の反射や吸収が材質により波長が異なることを利用して材質を認識するセンサ技術が開発されました。

それでもプラスチックごみによる海洋汚染が進み、海洋生物が影響を受けています。静脈工程の自動化を一層促進して普及拡大し、美しい海洋環境を保持しなければなりません。海洋汚染は早急に解決しなければならない人類の現在の重要課題です。

- ●静脈工程の自動化でリサイクルコストを下げる
- ●プラスチックの分別に赤外線利用の技術
- ●解体ロボットはフレキシブルでなければ約立たず

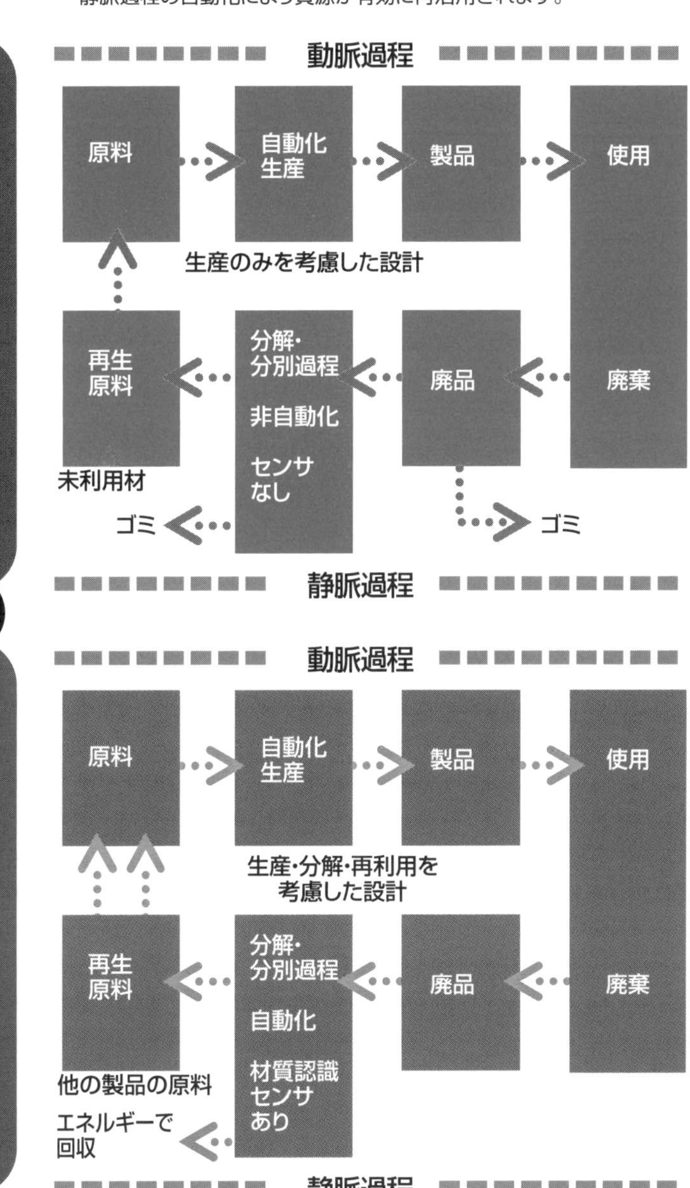
資源循環システムの自動化
静脈過程の自動化により資源が有効に再活用されます。
静脈過程が自動化されない循環システム
動脈過程
原料
自動化生産
製品
使用
生産のみを考慮した設計
再生原料
分解・分別過程
非自動化
センサなし
廃品
廃棄
未利用材
ゴミ
ゴミ
静脈過程
静脈過程が自動化された循環システム
動脈過程
原料
自動化生産
製品
使用
生産・分解・再利用を考慮した設計
再生原料
分解・分別過程
自動化
材質認識センサあり
廃品
廃棄
他の製品の原料
エネルギーで回収
静脈過程

55 マルチモーダルセンシング

人と機械の情報交流：センシング情報の統合と融合

人間が言葉や表情あるいは身振りや手振りなどで互いの意思を伝えあうように、未来においては人間と機械の間でも同様な情報の伝達が実現されるでしょう。こうした機械と人間との情報交流は、より自然で人間がなじみやすいシステムを作り出すに違いありません。そこではセンサが人間と機械の仲立ちをして自然な情報交流を実現することでしょう。

情報の発出や情報の認識において、まだ機械は人間に及びません。人間の知覚と、機械の認識能力との重要な相違は、人間が複数のモダリティの感覚チャネルを同時に組み合わせて使用し、速やかに高度な情報を獲得できること、すなわちマルチモーダルである点です。たとえば、視覚と触覚とを組み合わせた対象認識や、視覚と聴覚情報との相互補完による情報の統合などです。目は口ほどにものをいうといわれるようにです。

一方、機械システムは、まだ一つのモダリティに頼るので、人間が機械との情報交流の際にいらだちを感じます。将来、人間との交流が一層高密度になるとき、機械の情報授受は、人間と同様にマルチモーダルになるでしょう。機械との対話が円滑になれば、人間のいらだちが解消されるだけではなく、機械が心を持っているように感じることでしょう。

マルチモーダルなセンシング・システムを実現する技術のひとつがセンサ・フュージョンとよばれる技術です。

この分野では、すでに視覚センサと聴覚センサ、あるいは視覚センサと触覚センサなどの組み合わせを工学的なモデルで構築して、研究、開発が進んでいます。この技術により、人間と機械との情報交流が一層自然になるだけでなく、知能化されたロボットや機械の性能がさらに向上し、人間にとってより身近な存在となることでしょう。センサフュージョンは知能化システムの有力な基本構造といえます。

要点BOX
- ●マン・マシン・インターフェイスが進みマルチモーダルになる
- ●センサフュージョンは将来システムの基本構造

センシング情報の統合と融合

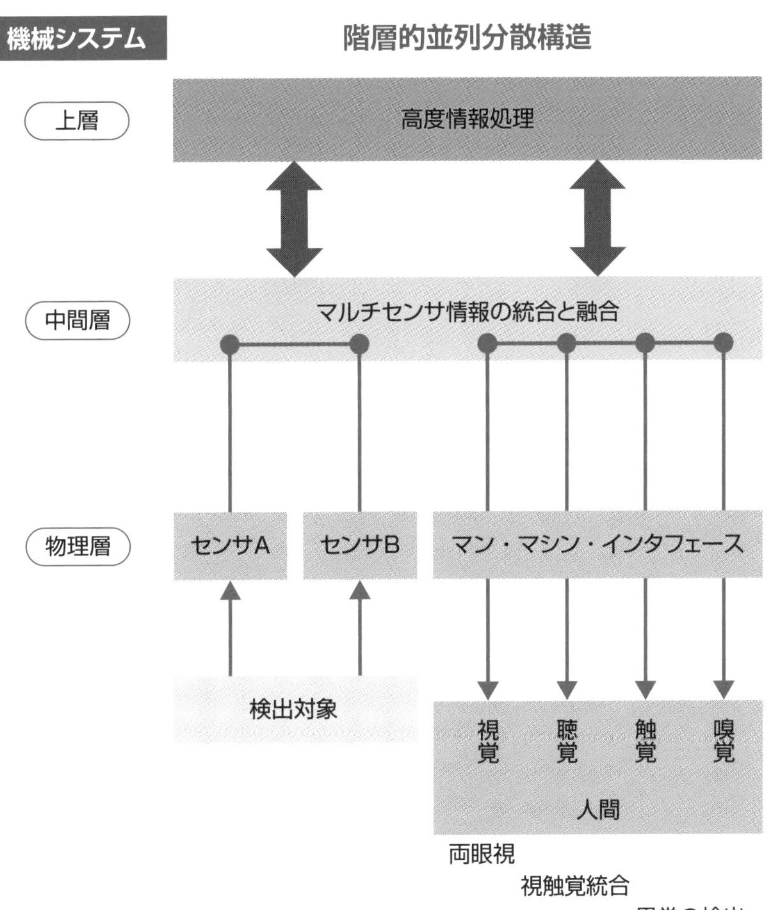

用語解説

センサフュージョン：異なるモードのセンシング情報の統合や融合により、高次の知覚情報に構造化されること。画像情報と音声情報との統合や画像情報と触覚情報との融合による環境把握などの例がある。

第10章　まとめと補足

本章では、いくつかの異なる切り口で、センサ技術の進歩を紹介しました。センサ技術は、元々人間の五感の機能を拡大発展させた機械とみなせますから、進歩の方向性は人間の五感にどのように近づき、あるいは超えたかという局面を示すことになります。

感度や検出範囲に注目しますと、磁気センサのように人間の感覚の感度を超えるものもあります。たとえば、人間には感じられない紫外線や超音波を感じるセンサがあります。温度でも人間が感じる温度範囲は体温の近くで数十度の範囲にすぎませんが、絶対0度から2000度近くまで計測できるセンサがあります。そのようなセンサの実現によって、未知の世界が確実な知識となって、人間の知の世界は拡大されました。

しかし、総合的な認識能力では人間は機械より遙かに優れています。形や音声の認識では、センサやコンピュータが進んだといっても、人間にはとてもかないません。私たちはセンサを進歩させ、優れたコンピュータの力を利用して人間の感覚や認識能力を拡張する過程において、いかに人間の能力が優れているかを思い知らされてきました。

機械の知能は積み重ねがきくので、優れたセンシング・インテリジェンスの構築は、人間の持つ知能の頂点に迫り、追い越そうとする営みといえましょう。その結果、機械のセンシング能力が人間を超える局面が見られるでしょう。センサや機械の能力が進んだ半面、それに依存すると人間固有の能力が退化しないかとの危惧があります。センサ技術の進歩は、人間の感覚や認識能力を解明する過程でもありました。センサを利用した認識技術の開発を通して、人間の能力が解明され、それを技術の進歩で一層高めることが可能です。センサの利用により人間固有の能力がさらに発展するか退化するか、方向を定めるのは、技術を開発し利用する人間が決定すべき問題です。

人間の五感に近づくセンサ技術

ペットロボットと人間の自然な交流

Column

センサは人間の感覚にどのくらい近づいたか

もっとも身近なセンサとして人間の五感をあげました。一方、機械は人間の手足の機能を代替し、能力の拡張発展をねらったものとみなせます。センサは人間の五感の機能を拡張発展させたものといえましょう。

機械やセンサの発展段階を図の様な3段階で示すことができます。すなわち、人間機能の模倣状態で、機能が劣る第1段階、独自の技術が確立した第2段階、人間の機能を超えた第3段階です。

センサは現在どの段階でしょうか。視覚、聴覚、触覚、味覚についてはだいたい技術が確立した第2段階といえますが、嗅覚になると、まだ模倣の段階を脱しようとの段階ですから、1・5段階ぐらいでしょうか。画像センサやマイクロホンの性能は、私達の目や耳とほぼ同等です。目や耳に感じない紫外線、赤外線や超音波に感じるセンサがあるのは独自の技術が確立したからですが、一方で、音声の認識や形状の認識などでは、機械のセンシング・インテリジェンスはまだ人間に太刀打ちできません。センサ技術が進んで第3段階になれば、航空技術が進んで鳥の飛行能力をはるかに超えたように、私たちは全く新しい世界に接することができるでしょう。いつか、場の空気を読むセンサが実現するかもしれません。

●人の機能を発展させた機械の技術の発展段階

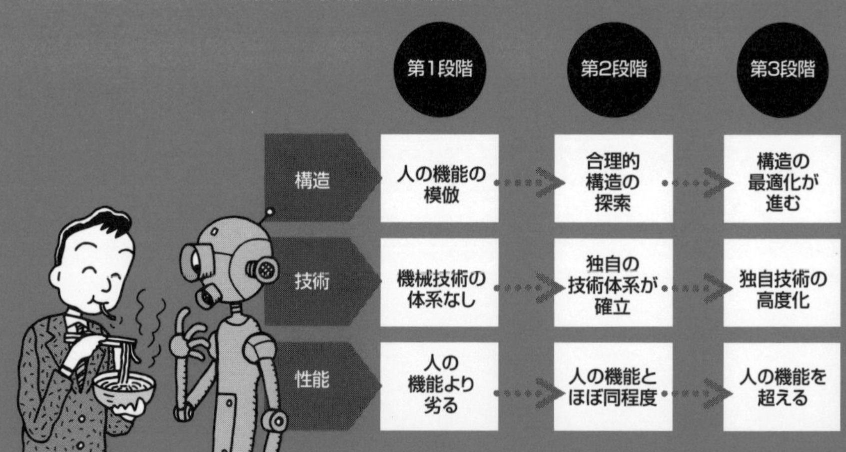

第1段階
第2段階
第3段階
構造
人の機能の模倣
合理的構造の探索
構造の最適化が進む
技術
機械技術の体系なし
独自の技術体系が確立
独自技術の高度化
性能
人の機能より劣る
人の機能とほぼ同程度
人の機能を超える

【参考文献】

●センサ技術一般
(1)山﨑弘郎『センシングの基礎』現代工学入門シリーズ　岩波書店(2005)
(2)山﨑弘郎『センサ工学の基礎』(第3版)オーム社(2020)
(3)相沢益男『バイオセンサのおはなし』日本規格協会(1993)
(4)山﨑弘郎　編著『異状の検出と予知―センサと設備診断技術』工業調査会(1988)
(5)森村正直、山﨑弘郎共編著『センサ工学』朝倉書店(1981)
(6)柳田博明、山﨑弘郎共編著『センサ先端技術―センサ材料とシステムの高度化』海文堂(1986)
(7)山﨑弘郎『センサのはなし』日刊工業新聞社(1982)

●センサ技術の進歩
(8)Hiro Yamasaki Ed.『Intelligent Sensors』S. Middelhoek (Ser. Ed.) Handbook of Sensors and Actuators, Vol.3, Elsevier (1996)
(9)山﨑弘郎、石川正俊共編著『センサフュージョン―実世界の能動的理解と知的再構成』コロナ社(1992)
(10)江刺正喜他著『これからのMEMS』森北出版(2016)

●信号処理・電子回路
(11)安藤　繁『電子回路―基礎からシステムまで』培風館(1995)
(12)山﨑弘郎『電子回路技術』物理工学実験6　東京大学出版会(1977)

●計測工学
(13)山﨑弘郎、田中充共著『計測技術の基礎(改訂版　新SI対応)』コロナ社(2020)
(14)『計測工学ハンドブック』朝倉書店(2001)
(15)山﨑弘郎『電気電子計測の基礎―誤差から不確かさへ』(電気学会　2005)
(16)『流量計測ハンドブック』川田・小宮・山﨑共編著　日刊工業新聞社(1979)

●生産統計
(17)電子情報技術産業協会　JEITAセンサ・グローバル状況調査(2020-2021)(2022刊行)

今日からモノ知りシリーズ
トコトンやさしい
センサの本 第3版

NDC 540

2002年 7月30日 初版1刷発行
2009年 7月17日 初版4刷発行
2014年12月26日 第2版1刷発行
2019年12月20日 第2版3刷発行
2023年10月30日 第3版1刷発行

©著者 山﨑 弘郎
発行者 井水 治博
発行所 日刊工業新聞社
東京都中央区日本橋小網町14-1
(郵便番号103-8548)
電話 書籍編集部 03(5644)7490
販売・管理部 03(5644)7403
FAX 03(5644)7400
振替口座 00190-2-186076
URL https://pub.nikkan.co.jp/
e-mail info_shuppan@nikkan.tech
印刷・製本 新日本印刷(株)

●DESIGN STAFF
AD ――――― 志岐滋行
表紙イラスト――― 黒崎 玄
本文イラスト――― 大森眞司
ブック・デザイン ― 大山陽子
(志岐デザイン事務所)

●
落丁・乱丁本はお取り替えいたします。
2023 Printed in Japan
ISBN 978-4-526-08300-6 C3034
●

●著者略歴

山﨑 弘郎（やまさき・ひろお）

1932年、東京生まれ。東京大学工学部応用物理学科卒。横河電機（株）入社、工業計測用センサの研究開発に従事。
1975年 東京大学教授就任、計測工学、センサ工学、信号処理の研究と教育に従事。
1993年 定年退官、同年 横河電機（株）常務取締役、1995年（株）横河総合研究所取締役会長を歴任。
公益財団法人 大河内記念会 理事長

東京大学名誉教授、工学博士。
1989年度計測自動制御学会会長、1996年 科学技術庁長官賞、1997年 紫綬褒章。
1997年～インドネシア国立バンドン工科大学テクニカルアドバイザー

主な著書（センサ関係）
『電気電子計測の基礎』電気学会（2005）
『センシングの基礎』岩波講座現代工学の基礎 岩波書店（2005）
『センサフュージョン－実世界の能動的理解と知的再構成－』（共編著）コロナ社（1992）
『センサ工学の基礎 第3版』オーム社（2019）
『センサ工学』（共編著）朝倉書店（1982）
『センサのはなし』日刊工業新聞社（1982）
『計測技術の基礎』（共著）改訂版 新SI対応 コロナ社（2020）
「渦流量計の創造」（共著）日本工業出版（2015）
『トコトンやさしいIoTの本』日刊工業新聞社（2018）
など
URL：http://homepage-hyamasaki.private.coocan.jp/